贵州省财政厅、贵州省教育厅
2024年支持高等教育改革发展省级补助资金资助成果
普通高等教育精品系列教材

国际市场营销综合应用实验教程

GUOJI SHICHANG YINGXIAO ZONGHE
YINGYONG SHIYAN JIAOCHENG

主　编◎梁力凡
副主编◎魏配轩　谢艾彤

西南财经大学出版社
中国·成都

图书在版编目(CIP)数据

国际市场营销综合应用实验教程/梁力凡主编；魏配轩，谢艾彤副主编.--成都：西南财经大学出版社，2025.9.--ISBN 978-7-5504-6556-5

Ⅰ.F740.2

中国国家版本馆 CIP 数据核字第 2025XY6533 号

国际市场营销综合应用实验教程

主　编　梁力凡

副主编　魏配轩　谢艾彤

策划编辑：冯　雪

责任编辑：冯　雪

助理编辑：王晓磊

责任校对：高小田

封面设计：墨创文化

责任印制：朱曼丽

出版发行	西南财经大学出版社(四川省成都市光华村街 55 号)
网　　址	http://cbs.swufe.edu.cn
电子邮件	bookcj@swufe.edu.cn
邮政编码	610074
电　　话	028-87353785
照　　排	四川胜翔数码印务设计有限公司
印　　刷	郫县犀浦印刷厂
成品尺寸	185 mm×260 mm
印　　张	10.75
字　　数	184 千字
版　　次	2025 年 9 月第 1 版
印　　次	2025 年 9 月第 1 次印刷
书　　号	ISBN 978-7-5504-6556-5
定　　价	39.80 元

▶▶ 前言

当下，世界百年未有之大变局加速演进，我国正踏上全面建设社会主义现代化国家的新征程。党的二十大报告明确指出，要“推进高水平对外开放”“加快建设贸易强国”。在构建以国内大循环为主体、国内国际双循环相互促进的新发展格局这一时代背景下，国际市场营销作为连接国内、国外两个市场的关键桥梁，其战略地位愈发凸显。然而，在教学实践过程中我们发现，学生在理解和运用国际市场营销知识时，仍然面临着理论与实践相脱节的困境。为积极响应国家人才需求，培养能够投身于高水平对外开放实践的专业人才，我们精心编写了这本《国际市场营销综合应用实验教程》。

本教程立足实用性原则，致力于将国际市场营销的基础理论与助力高质量发展的实践操作方法进行整合，形成一套系统且实用的知识体系。本教程整体架构分为两篇，共十章。上编为“国际市场营销综合训练”涵盖了四章内容。具体包括国际市场调研与风险判断、目标市场选择与产品策略、营销渠道开发与管理，以及国际促销组合计划与实施等方面。此篇旨在引导学生循序渐进地了解并初步掌握国际市场营销的基本流程，为后续深入学习与实践奠定坚实基础。下篇是“国际市场营销方法与应用”，包含六章。内容从二手数据的有效利用、数据准备工作，到描述性统计分析、方差与协方差分析、相关回归分析及 logistic 回归。本篇着重为学生提供科学决策所需的研究方法与数据分析技术，培养学生运用科学手段解决国际市场营销实际问题的能力。

在教程编写过程中，我们努力体现以下几点：一是强化教材的实践导向，在上篇中，每章均安排了案例和实训项目；二是注重方法的介绍，希望能切实提升学生的调研能力和数据分析能力；三是试图将市场营销理论与定量分析方法相结合，培养学生的科学决策素养；四是紧跟时代步伐，积极响应国家“建设数字中国”的号召，对数字营销、跨境电商等新业态、新模式予以重点关注，旨在帮助学生及时掌握国际市场营销领域的前沿动态，提升其在数字化浪潮中的国际竞争力。

本教程主要面向本科高等院校国际经济与贸易、市场营销、工商管理等专业，可作为相关课程教学的重要参考用书。鉴于编者自身学识有限、经验不足，教材中难免存在诸多不足与疏漏之处，在此，我们诚挚地希望各位专家学者、教学同仁和广大读者能够不吝赐教，提出宝贵意见，以便日后修订完善。

国际市场营销是一个实践性极强的领域，本教程仅是我们基于当前对国际市场营销领域的认知水平与实践经验所做的初步探索与尝试。我们衷心希望，通过各方共同努力，能够持续对教材内容进行优化与完善。为培养新时代国际营销人才贡献绵薄之力，助力学生在未来积极投身于“加快建设贸易强国”的伟大征程。

在此，我们向所有在本教程编写过程中给予支持和帮助的各位同仁表示衷心的感谢。

编者：梁力凡

2025 年 9 月

目录

上篇　国际市场营销综合训练

上篇

国际市场营销综合训练

1 国际市场调研、国际市场机会分析与风险判断

《孙子兵法·谋攻篇》中云："知彼知己，百战不殆。"市场既是企业开展各种营销活动的条件，也是企业开展各种营销活动的对象。当今世界正经历百年未有之大变局，经济全球化遭遇逆流，保护主义、单边主义上升，国际贸易和投资大幅萎缩，国际经济、科技、文化、安全、政治等格局都在发生深刻调整。改革开放以来，我国充分发挥自身比较优势，积极参与国际分工，深度融入世界经济体系，成长为世界第二大经济体、货物贸易和制造业第一大国。在自身发展壮大的同时，我国也成为拉动世界经济增长的重要引擎，1979 年至 2023 年我国经济年均增长 8.9%，对世界经济增长的年均贡献率为 24.8%，居世界第 1 位①。与此同时，走出国门的企业也面临国际环境复杂、市场竞争激烈、文化差异较大等严峻挑战。跨越国界的市场营销活动的成功依赖于企业对具有文化差异的异国市场环境的了解、分析和风险判断。全面的国际市场环境分析、充分的国际市场调研、准确的行业环境和竞争对手分析，可以使企业明确自己在国际市场上的优劣势，抓住国际市场机会、规避国际市场风险，制定出切实有效的跨国经营战略和实施策略，实现其跨国经营的目标。

1.1 国际市场环境分析与国际市场信息调查训练

对于大多数的企业来说，国际市场环境分析与国际市场信息调查具有一定的难度，企业要深入了解陌生的异国市场，首先要对其进行市场环境的分析，在明确市场

① 潘杰. 1979 年至 2023 年我国对世界经济增长年均贡献率居世界首位［EB/OL］.（2024-10-02）［2025-07-28］. https://www.gov.cn/lianbo/bumen/202410/content_697799.htm.

环境的基本状况以后，充分利用各种信息渠道了解目标市场的具体情况，评价国际市场环境和条件。与面对国内市场所做的市场调查不同，企业直接策划和组织人员到目标市场国家去做系统的国际市场信息调查成本很高、实施难度较大，大部分的国际市场信息主要是通过间接渠道获得。

1.1.1 训练目的

（1）要求学生能够掌握国际市场环境分析的要点和主要指标，培养学生收集国际市场环境数据和资料并对其进行整理和分析的能力。

（2）要求学生在对国际市场环境进行分析的过程中，了解国际市场产品及交易信息，掌握国外企业信息查找、相关国际组织的信息资源的获得途径和方法。

（3）要求学生能够根据各种信息资源收集具体产品在国际市场上的相关信息资料，对具体产品在国际市场上的行情和趋势进行分析和判断。

1.1.2 训练内容与方法

1.1.2.1 国际市场环境初步分析训练

教师根据学生团队的特点和数量将国际市场进行划分，各团队抽签后针对具体的国际目标市场查找相关的宏观环境资料（或沿用第五章的抽签结果），整理市场环境资料，完成目标市场关于社会文化、经济、政治法律、金融、技术、自然资源等方面的宏观市场环境报告。

①国际社会文化环境的分析：分析具体的文化现象及其对企业进行跨国经营的各种影响，明确具体目标市场的文化环境。

②国际经济环境：查阅世界各主要市场人口状况、国内生产总值（gross domestic product，GDP）与人均国内生产总值、生产指标、物价指数、工资指数、国际贸易统计、国际投资统计等各经济指标及对所需数据进行计算，将各经济指标应用于对特定目标市场的工商业发展、产业结构等经济环境的分析和判断。

③国际政治法律环境：收集目标市场国家和地区的政治制度、政党体制等资料，分析在该国或该地区的生产经营活动受这些因素的相关影响；关注目标市场各主要国家和地区的最新政治事件及变化趋势，初步分析这些最新政治事件和变化趋势对企业从事跨国经营活动的影响；收集关于这些国家和地区对于企业投资和生产经营方面的政策和法律规定，为后续训练准备资料。

④国际金融环境：查阅和收集当期汇率政策与状况、国际收支状况、银行利率等

各项金融指数指标并用以判断目标市场的经济状况，结合进出口实务内容为选定的具体产品选择交易条件和付款条件。

⑤国际技术环境：各团队根据各自的优势，寻找某一特定企业正在运作的创新技术生产系统，了解其在当前国内行业中的技术地位，和在国际环境中所具有的技术优势，分析企业技术在行业竞争中所起的作用和技术环境对企业经营产生的影响。

⑥国际自然环境：各团队根据抽签情况查阅目标市场的地理条件、自然环境状况及其变化规律，判断其对企业从事跨国投资与经营所产生的影响；根据具体的企业和产品判断当地的各种商业基础设施对企业从事跨国投资与经营活动的重要程度，以及对跨国界交易的条件选择、运输方式选择、分销方式选择、中间商和服务商的选择等影响。

⑦消费者心理与购买行为：各团队根据抽签情况查找目标市场的产品消费量、消费变动率等资料，消费偏好、消费方式、消费结构和购买习惯等消费者购买行为的主要特征；选择一个以上在当地市场上的进出口产品或跨国经营的产品，分析消费者的具体心理和购买行为特征，判断企业产品在目标市场上可以采取的营销措施。

1.1.2.2　国际市场产品行情分析训练

各团队成员根据各自对进出口产品和市场的了解，选择我国目前进出口量较大的产品或学生家庭（学校）所在地的大宗进出口产品，针对产品目前在国际市场上的生产和交易状况查找相关的资料，对产品在国际市场中的质量、价格、类别、产销量、主要需求国状况、其他主要生产国状况、交易统计状况、预期产销量和价格变动等资料进行分析整理，判断其在国际市场上的竞争力，完成该进出口产品的国际市场行情分析报告。

1.1.2.3　国际目标市场分析训练

各团队根据前两项训练所选择的目标市场和具体产品，收集目标市场上贸易量较大的进出口商品的生产、使用和消费、进口量或出口量、交易状况、消费者行为特征、竞争状况等资料，经分析整理后完成已选择的具体进出口商品在国际目标市场上的分析报告，针对第二项训练内容中的具体商品，寻找在目标市场上有希望进行合作的交易伙伴。

1.1.2.4　合作伙伴调查训练

对于远隔重洋的合作伙伴、交易对象，企业往往难以通过直接接触了解其经营状况和资信状况，为了降低跨国交易的风险，企业要重视对国外的合作伙伴的资信、经营情况的调查。

资信调查的内容主要包括：①在工商部门注册的企业名称、资本金、企业法人情况、经营活动有无超过本身范围和企业经营情况；②在税务部门登记的企业有无漏税、拖欠税款情况；③通过海关了解企业进出口情况；④通过法院等司法部门了解企业与其他企业有无经济纠纷、是否有违规信息、法人是否有会影响到企业未来发展的个人违法记录；⑤与股份制银行合作，了解企业的支付情况。

企业一般可以通过银行、本国驻外经商机构、外国工商团体或专业咨询机构等途径来调查合作伙伴的资信情况。①银行调查是最常见的一种方法，在我国一般是委托中国银行，由中国银行根据具体要求，通过国外的分支机构或其他往来银行在当地进行调查；②通过本国驻外经商机构调查是委托我国驻外经商机构就地进行合作伙伴的资信调查。③一些外国的工商团体或专业咨询机构也开展对外服务的资信调查工作。④外国出版的行业名录、厂商年鉴等刊物对了解合作伙伴的资信情况也有一定的参考价值。

各团队针对第三项训练所发现的合作伙伴，对其分别进行相关内容的信息收集，资料整理分析和判断，撰写简要的资信调查报告，选择并确定团队模拟交易的合作伙伴。

1.1.3 训练的组织形式与要求

（1）本节四个训练项目均依照团队抽签结果和自己对具体产品的选择进行，训练内容上要有连续性，几个项目资料的收集可同时和交叉进行，但提交的分析报告和课堂汇报应该分专题进行，以训练学生对相关资料的组织和利用能力，及对不同专题的报告在资料利用方面的方法和技巧。

（2）世界各主要市场划分和抽签明确团队的分析对象以后，各团队的主要分析市场就在以后的训练中基本固定下来，以便于资料收集和团队对某一具体市场的充分了解。同时，各团队因为分析世界不同地区的市场，相互之间可以学习借鉴并进行协作。这种方式有利于学生体会团队内部和团队之间进行协作的同时，也给个人和集体所带来的益处。

（3）本节训练项目的内容和方法是学生毕业设计、创业设计项目的基础资料，同时也为进出口实务、商务英语函电、外贸英语洽谈、外贸业务单证等课程内容的训练提供素材，训练研究对象的连续性可以使学生对某一具体的目标市场和具体的进出口产品种类具有较为深入的了解，有利于学生就业时的选择并创造就业个人优势。

1.2 跨国经营战略分析训练

《第四次全国经济普查》数据显示，以中小微为主的民营企业于2019年成为我国第一大外贸经营主体，2021年进出口值占比达到48.6%，对外贸增长的贡献度超过58.2%，中国企业综合实力和竞争力显著增强，这与企业制定有效的竞争战略息息相关。企业在分析环境的基础上制定有效的竞争战略，对于企业明确目标和发展方向，充分利用企业资源、提高经营效率、增强竞争力至关重要。对于个人而言，深入分析自身的条件与特长、优势与劣势，制定适合自己的职业生涯规划，对于学生明确自己将来的职业发展方向、抓住个人发展机遇、避开职业发展风险、实现人生的目标也是非常重要的。

1.2.1 训练目的

（1）要求学生深入理解产业结构分析模型、竞争对手分析模型、SWOT分析方法在企业跨国经营环境分析中的重要作用。

（2）要求学生能够系统掌握产业结构分析模型、竞争对手分析模型、SWOT分析方法的步骤、内容和技巧，培养学生进行企业跨国经营的市场环境分析、产业环境分析、竞争对手分析和企业自身的优势与劣势、机遇与风险的评价分析能力，根据企业的具体条件选择国际竞争战略。

（3）要求学生根据个人的条件、特点和优势，确定自己的职业发展目标，明确目前在校期间对知识学习和能力养成的阶段性目标，撰写书面的个人职业发展规划。

1.2.2 训练内容

1.2.2.1 产业环境分析训练

根据前一阶段训练中所选择的企业及产品，通过广泛收集国际范围内的各种信息资料，按照迈克尔·波特的产业结构分析模型的要点，对企业的竞争力量和竞争环境进行分析，选择恰当的国际竞争战略，写出产业结构分析报告。产业结构分析模型如图1-1所示。

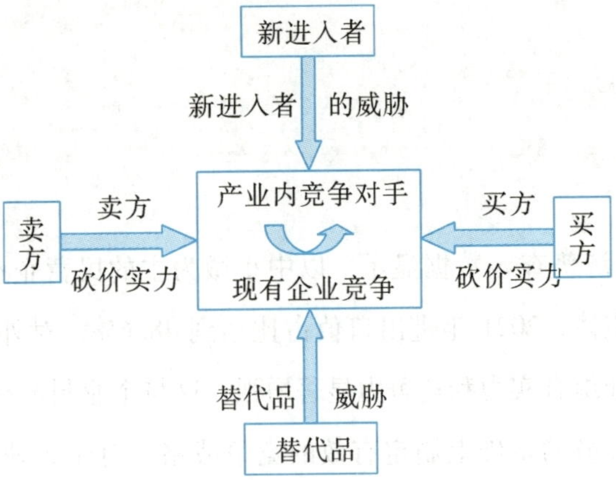

图 1-1 产业结构分析模型

（1）产业内现有企业之间的竞争强度分析。

学生列出产业内现有的企业清单，比较其生产经营规模、业务范围种类、产品特征的一致性和差异性、产品定位的异同、分销渠道和方式的选择、已经和正在采用的竞争手段等，分析相互间的竞争强度和彼此可能产生的威胁，进行竞争力的顺序排列或竞争类型划分。对产业发展速度与行业竞争程度的关系进行分析。

（2）新进入企业的潜在进入威胁分析。

学生根据行业进入的壁垒、客户偏好的变化趋势、行业发展趋势、技术和经济的发展趋势等判断可能进入行业参与竞争的新进入者，对这些可能的新进入者的条件优势和可能产生的威胁进行分析，列出威胁来自何处和威胁的严重程度，可能的话对各种威胁进行类别划分。

（3）供应商分析。

学生根据经济技术和产业结构发展状况、供应商行业竞争和发展状况、供应商的规模实力和技术特征等情况，分析可能来自供应商的各种压力，对供应商进行顺序排列或类别划分，找出减少供应商威胁的途径方法。

（4）买方分析。

学生对客户的生产经营规模、技术特征和优势、客户的数量和购买量、客户一体化经营的程度等，对产品的要求和使用方式，对企业的购买者进行类别划分，判断来自他们的威胁种类和威胁程度，找出减少客户威胁的途径和方法。

（5）替代产品分析。

学生针对已经确定的企业产品，寻找其在各种用途上的替代品，比较其性能、成本价格、品种数量、替代程度和这些替代品的生产加工技术的发展趋势等，分析来自这些替代品可能产生的威胁和威胁的程度，寻找降低替代品威胁的途径和方法。

1.2.2.2　竞争对手分析方法训练

学生利用迈克尔·波特的竞争对手分析模型对行业内具体的竞争对手的未来目标、现行战略、能力水平进行分析，了解竞争对手的行为和反应模式，有针对性地制定竞争战略。

学生收集竞争对手有关的发展模式和发展策略、核心竞争力、注册资料及发展现状、历史变更情况及重大新闻、投资方情况、组织结构、管理层、内部运营机制调查、生产情况（生产能力和生产设备）、经营情况（供应和销售）等。学生要具体了解竞争对手的市场占有率状况、细分市场占有率等指标，明确竞争对手及研究企业在市场上所处的位置；竞争对手的财务状况，包括成本、利润率、主营业务成本率、资产负债率，销售人员工资、物流费用、广告费用、促销费用以及差旅费、办公费等营业费用率，管理费用率以及财务费用率等数据；竞争对手的产销量增长率、利润增长率指标，并比较分析二者的关系；分析竞争对手推出新产品的速度，判断其科研能力，分析其科研经费占销售收入的百分比，判断其对技术创新的重视程度，竞争对手所采用的分销渠道和对销售渠道的整合程度，判断其对市场销售的控制能力；全面地了解竞争对手领导人的个人素质，以及分析他的这种素质会给他所在的企业带来的变化和机会，以及竞争对手主要的领导人的变更情况，分析领导人的更换为企业的发展所带来的影响。竞争对手分析模型如图 1-2。

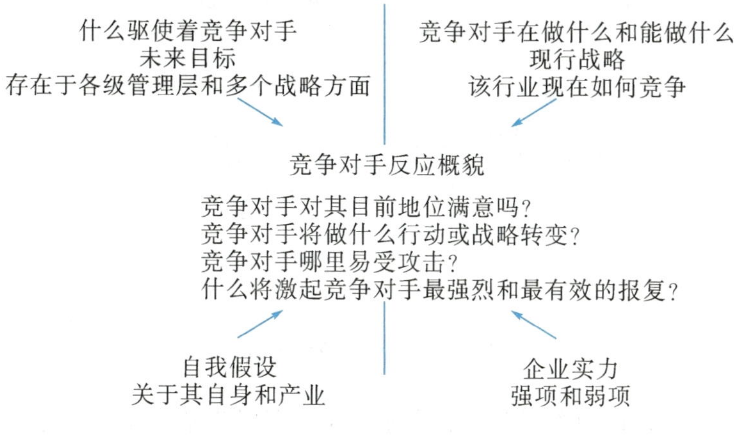

图 1-2　竞争对手分析模型

①对竞争对手的未来目标的分析就是对其目标体系的分析判断，包括其生产目标、财务目标、对社会的责任、环境保护、技术领先等方面的目标。要注意到竞争对手的目标是分层次的，分析竞争对手的具体目标时，要了解总公司的目标，还要了解各个事业单位的目标，甚至于各职能部门的相应的目标。

②现行战略的分析，列出竞争对手目前正在做什么、将来能做什么的清单，列出竞争对手所采取的战略、短期和中长期的经营发展策略。

③竞争实力的分析，要找出团队所选择的企业与竞争对手的差距，判断竞争对手的相对竞争力，找出企业在市场竞争中的优势和劣势。

④分析竞争对手对自身和产业的假设，可以很清楚地看到竞争对手对自身的战略定位，以及它对行业未来发展前景的预测。竞争对手对自身和对产业的假设有的是正确的，有的是错误的，通过掌握这些假设，我们可以从中找到发展的契机，有利于企业竞争战略的选择。

1.2.2.3 SWOT 分析方法训练

①企业外部环境分析：分析企业外部的经济、社会、文化、人口及环境等因素，技术因素，竞争对手情况、行业特征及政策情况，顾客特征等外部信息。

②内部因素的研究：包括对企业自身管理、营销、财务、生产运作、研究与开发等内部因素的评价与分析。

③建立 SWOT 分析模型（如图 1-3）。

优势 (strengths) 内部因素 管理结构，财务状况 产品质量，市场份额 技术实力，人员潜力等	机会 (opportunities) 外部因素 市场需求，技术变迁 政策倾斜，社会热点 竞争对手出现的失误等
威胁 (threats) 外部因素 竞争对手的发难 行业政策的变化 突发事件影响 市场变化等	劣势 (weaknesses) 内部因素 资金缺口 管理能力弱 人力资源短缺 技术老化 设备陈旧等

图 1-3 SWOT 分析模型

联系市场环境，以训练所选择的企业和相关资料为基础信息，为研究对象建立 SWOT 分析矩阵，在图中列出其优势、劣势、机会和威胁。

④撰写分析报告

报告中应包括研究对象的 SWOT 分析矩阵表，并对表中列出的要点加以适当的解释。将外部的机会与内部优势进行匹配，在报告中要展现：可发挥优势、可弱化劣势、可利用外部机会、可减小外部威胁等建设性意见。

1.2.2.4 建立个人与团队的 SWOT 分析矩阵

个人与团队在很多方面都很相似。两者都有竞争者，也都应当对未来进行规划。个人和团队都面对某些来自外部的机会与威胁，也都有一些内部优势与劣势，个人与团队都要树立目标，也都要进行资源配置。因此，团队也同样可以像企业一样将 SWOT 分析模型用于对未来进行规划。分析要点如表 1-1 所示。

表 1-1 个人与团队 SWOT 分析要点

优势	劣势	机会	威胁
内部因素	内部因素	外部因素	外部因素
管理结构与制度	资源不足	外部对个人团队的要求	竞争对手的策略和手段
特长优势	管理制度水平	个人与团队的成长性	外部要求与政策的变化
对外界的影响力	人员缺乏状况	政策待遇的倾斜	突发事件影响
个人与团队能力	实力增长缓慢	突发性事件	判断标准不一致
人员潜力等	人力资源短缺等	竞争对手出现的失误等	衡量判断标准的改变等

①建立一个 SWOT 分析矩阵。其中包括个人、团队所面对的主要外部机会和威胁，以及所具有的主要优势和劣势。将外部机会及内部优势进行匹配，在矩阵的适当方格中填上可使你发挥优势、弱化劣势、利用外部机会、减小外部威胁的供选择的行动方案，如图 1-4 所示。

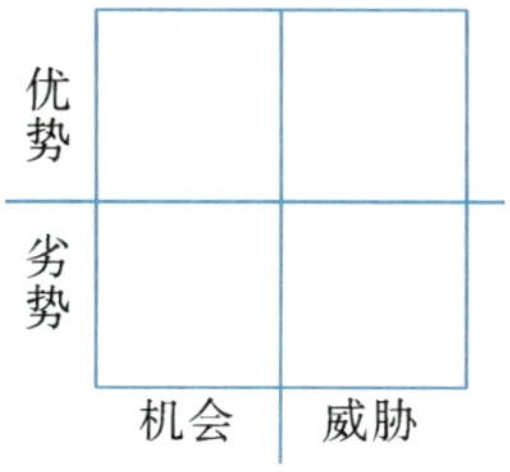

图 1-4 个人、团队的 SWOT 分析矩阵

②对分析要点进行评论总结：a. 同一个因素常常既可以是优势也可以是劣势。你也遇到过这类情况吗？如果确实如此，那么，你认为这究竟是什么原因？如何解决？b. 我们的劣势是由我们自己造成的吗？c. 在所列出或讨论过的内容中，你认为哪一项是最大优势？如何发挥到最好？d. 在所列出或讨论过的内容中，你认为哪一项是最大劣势？如何实现最大限度的弱化？e. 在所列出或讨论过的内容中，你认为哪一项是最大风险？如何避免风险发生？f. 在所列出或讨论过的内容中，你认为哪一项是最大机遇？如何把握机遇？

③制定团队发展分期目标和个人职业生涯发展规划。a. 对团队和个人进行认真的、深度的 SWOT 分析；b. 对本专业的市场前景、就业状况有明确认识；c. 提出切实可行的团队发展目标和个人职业发展目标；d. 就如何实现团队目标和个人职业发展目标明确具体的努力方向和保证措施；e. 该发展规划方案应与团队建设目的、个人的成长及就业实际紧密结合。

1.2.3 训练的组织形式与要求

（1）各团队根据前一节的训练结果进行行业环境分析、竞争对手分析和研究企业的 SWOT 分析，分析过程中尽量列出图表、理清思路，以便于全面考察、判断准确，团队制定国际竞争战略要以企业和环境的分析材料作为依据。

（2）各团队以“头脑风暴法”座谈会的形式开始训练，指导教师分别参加各团队活动。团队的座谈会要指定主持人、记录员，对座谈会的想法和观点进行记录、整理，提炼出有价值的要点，建立 SWOT 分析矩阵，撰写并提交分析报告。

（3）各团队及团队各成员完成并提交团队和个人 SWOT 分析报告。团队发展目标确定和个人职业发展规划要针对团队和个人的实际，具有可操作性和灵活性。

（4）指导教师根据各团队提交的 SWOT 分析报告、“头脑风暴法”座谈会的记录资料，综合评定团队成绩。其中 SWOT 分析报告占成绩的 50%，个人 SWOT 分析报告占成绩的 20%，团队座谈会记录占成绩的 30%。

1.3 市场调查方法与市场调查报告写作训练

深入了解市场是企业经营决策的前提之一。只有实际调查研究，才能找出解决问题的新视角、新思路和新对策。学会市场调查的方法与技巧，准备市场调查计划、组织与实施、市场调查数据整理与分析、完成市场调查报告是深入了解市场和分析市场的途径，对于企业管理人员进行正确的经营决策、对于企业员工准确理解和有效执行企业经营决策具有重要意义。

1.3.1 训练目的

（1）了解市场调查策划的内容和方法，培养学生进行市场调查策划的能力。

（2）系统掌握市场调查方案拟定的步骤、内容和技能以及市场调查问卷的基本结构、问卷设计的步骤、方法和技巧。

（3）系统掌握市场调查项目组织实施的内容、步骤、方法和要点，培养学生市场调查组织实施的能力。

（4）系统掌握市场调查报告撰写的内容、方法和技巧，培养学生市场调查报告写作能力。

（5）了解市场调查报告说明会的基本流程、组织形式及其准备工作的要点，掌握市场调查口头报告的内容、要点和基本技巧。

1.3.2 训练内容

1.3.2.1 市场调查策划及调查方案拟定训练

（1）选择调查项目。

各团队自行选定较熟悉和感兴趣的一个企业或产品作为本次训练的调查分析对象，并尽可能地争取企业的支持，与企业达成合作意向，使本次训练成为一次实际操作训练。

（2）确定问题和调查目标。

团队内部首先要回答如下问题：①为什么要进行调查？②本次调查要知道什么？③知道这些调查结果有什么用？④谁要知道调查的结果？⑤调查是向谁说明？⑥用什么方式说明较好？

然后按照科学的程序进行分析：

①进行企业情况分析。了解进行市场调查的背景，找出企业生产经营活动中存在的问题。具体分析内容有：企业内部情况、企业所在行业状况及市场环境分析。

②确定调查主题。在确定问题时要注意与企业高层主管进行讨论，准确把握调查研究的方向，使调查主题符合企业发展需要、调查目标合理可行、切合实际，在充分掌握企业有关信息的基础上，根据其经营决策的要求将其转换为相应的调研问题。

（3）制订调查方案。

调查方案应包含如下内容：调查目标、调查内容、资料来源、调查方法、调查对象、抽样方法及样本大小、访问人员的安排和培训、访问质量的保证措施、数据处理及分析方法、调查日程安排及经费预算等内容。

调查方案的制订步骤及技巧：

①确定调查内容：把可能想到的调查内容列出详细清单；对调查项目进行分类和

重要性分析，并把全部项目按照分类结果列成项目清单；最后按照类别、重要性程度及其资料获取的可能性程度对清单上的各项目排序，选出符合调查目标要求且有可能获取信息资料的项目，确定为调查内容。

②确定资料来源：一般来说，在市场调查初期阶段主要收集二手资料；为了获得专门信息则需要收集一手资料。

③确定调查对象和调查地点：调查对象要根据调查目标和内容进行选择，以保证调查资料的准确性和代表性。选择调查方法：询问法在具体操作过程中，可以采取图 1-5 的方法；观察法由学生设计观察方案后到现场进行调查，需要较长时间获取数据和信息，调查过程中应注意尽量不去干扰和影响调查对象的行为，以免数据失真；训练法要明确具体的训练条件，通过训练对比的方法观察分析影响研究对象的各因素之间的相关性及其变化过程，从中获取有关信息，以排除主观估计存在的偏差，保证数据资料的可靠准确。

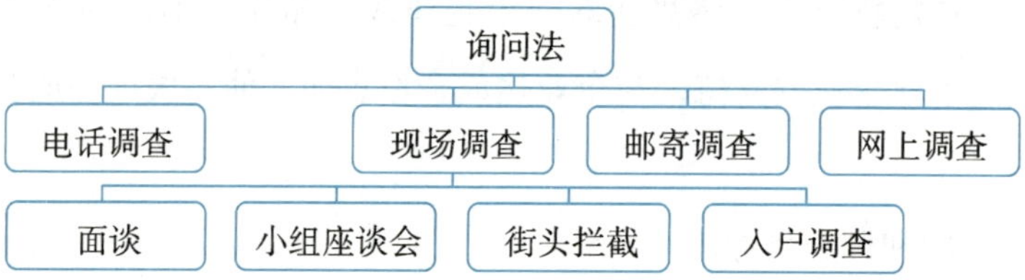

图 1-5　询问法分类

④设计抽样方案要解决三个问题，即抽样总体、样本大小和抽样方法。在抽样前要根据调查目标和要求，对被调查者的特征和属性作出进一步说明，明确界定总体范围；样本的大小要根据抽样误差的要求、调查费用的限制和被调查问题的基本性质等因素来确定；抽样过程中随机抽样或非随机抽样具体方法的选择则根据调查目的和要求作出，如图 1-6 所示。

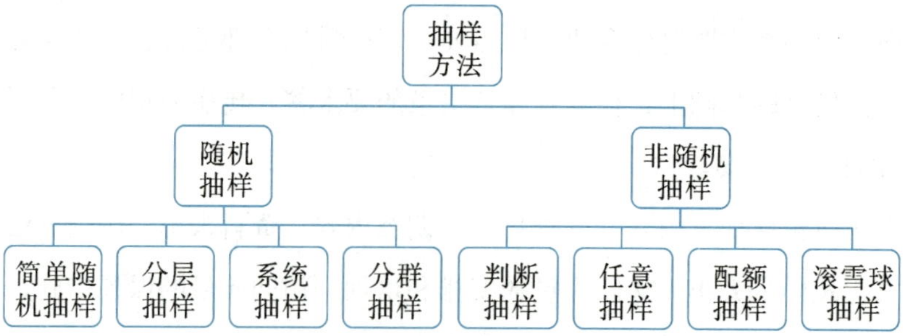

图 1-6　抽样方法分类

⑤对调查结果的分析方法做出说明，提出调查报告的形式与主要内容结构，根据调查目标规定有关指标的分析方法和表现形式。

⑦对市场调查进度及人员进行安排，注意信息的时效性、调查的难易程度和样本量的多少。从调查方案被委托方认可（签订调查协议）到提交调查报告花费的时间主要包括：问卷设计时间、问卷印制及调查所需设备购置等准备工作时间、抽样设计时间、调查员确定和培训时间、调查实施时间、调查资料复核和整理时间、调查资料分析时间、撰写调查报告时间。

⑧市场调查的费用包括：方案策划费、问卷设计费、问卷附表及卡片等印制费、被调查者礼品费、调查员劳务费、统计处理费、报告撰写制作费、电话费、交通费等其他费用。

（4）设计问卷。

一份完整的问卷通常包括以下几部分内容：①前言：一般包括调查员的自我介绍，调查员代表的组织或机构，调查目的和意义，以及对被调查者的合作表示感谢等。前言部分的文字要简洁明确，语气要谦虚诚恳，能够激发被调查者的兴趣，促进其积极合作。②被调查者的基本情况：为了方便对调查资料进行分类和分析，应根据调查目的、资料分析的要求和被调查者的基本情况与类别确定。③调查的主题内容：根据调查目标，设计一系列问题和相应的答案组成。④问卷的填写说明：包括填写调查表应注意的事项，填写方法，交回问卷的时间要求等。⑤作业证明记录：包括调查时间，调查地点，调查者姓名等，登记调查访问工作的执行和完成情况。

在问卷设计过程中要注意：①把握调查目标和内容：在设计问卷的开始阶段要深入地研究本次调查的总体方案，充分把握调查的目标和内容，问卷的设计者应参与调查方案的制订。②分析样本特征，确定问卷类型：明确调查对象是企业还是个人、生产商还是经销商、现实消费者还是潜在消费者等，了解各类调查对象所处的社会阶层、社会环境、行为规范和观念习俗等社会特征；其需求动机和潜在欲望等心理特征；其理解力、文化程度和知识水平等学识特征等，针对其特征确定问卷的类型。③编制问卷初稿：a. 列出调查问题的清单，将调查的目标转化为调查内容和调查项目；b. 对列出的问题进行审核、筛选。审核的标准包括：问题是否必要、含义是否明确、内容是否需要细分；c. 确定问题的类型，以选择对应的提问方式和问句的形式；d. 确定提问的方式，根据问题的性质和受访者的特点确定；e. 根据提问的方式进一步确定问句的具体形式；f. 对问句的措词、语气进行推敲；g. 确定问句排列的顺序，先易后难，先具体后抽象，先一般性问题后敏感性问题，先前提性问题后结论性问题等。④进行问卷的可行性测试，注意可行性测试的受访对象、询问方式等应当同正式实施的条件相同。⑤修改并完成正式的问卷。

1.3.2.2 市场调查项目的组织实施训练

（1）准备工作：①设备购置和准备：包括纸、笔、赠品、文件夹等，准备身份证、学生证、联系证明、介绍信等。②印制问卷时要注意问卷设计要美观、印刷要精美，给被调查者意义重大的印象，引起其重视和主动合作。③人员职责与培训：在整个调查活动中需要有各种职能的调查人员，应根据各自职能进行不同层次的培训。a. 督导员作为高一层次的调查人员，应熟悉调查的具体步骤，掌握各种调查知识，带领、管理和训练访问员；检查访问问卷是否有漏答、错误、作弊等现象；根据调查时间的安排，及时检查访问员进度，抽查问卷的真实性；编辑整理所有的情报资料；评价访问员的工作业绩，提出改进的意见，对于不能胜任的，及时提出撤换的建议。b. 对访问员的训练分为基本训练和专门训练，通过集中讲授、个别指导、模拟训练、角色扮演等方法对访问员的访问技巧给予指导，同时培养受训者处理各种情况的能力。基本训练主要是对访问员进行的例行常规的训练，主要包括访问前必须携带的物品，包括问卷、样本计划、身份证明或访问介绍信、纸、笔、赠品、文件夹等；如何按照样本计划选择被访问者，如何选择适当的访问时间、访问地点；访问的技巧，如何得到被访问者愉快的合作，如何与陌生人开始交谈；如何处理访问中发生的特殊情况。专门训练是针对每个特定的调查项目对访问员进行训练。内容包括：调查项目的内容和调查目的；调查项目的问卷结构、问卷内容；调查项目的调查时间、调查步骤及注意事项。

在市场调查开始实施后，需要通过各种方式加强对访问员的监督管理。一方面，检查他们访问的问卷是否合乎要求，访问是否真实可信；另一方面，跟踪现场调查、检查访问员的工作态度和工作质量，作为评定成绩的依据之一。

（2）实地访问：①抽取样本：按照抽样方案的要求选取符合条件的调查对象。②访问实施：访问员严格按照问卷的要求与顺序进行访问，督导员巡视访问现场并监控访问质量。③问卷复核：访问结束后，对调查问卷进行一定比例的复核工作，对访问工作进行检查，对问卷中不清楚或者不明确的地方进行再确认。④效果评价：复核结束后对访问的效果包括访问的合格率、访问的正确率等进行评价。

（3）数据处理：①编码，将问卷中的所有项目的回答赋以一定的数值，以便于使用计算机进行分析。②录入，按照前面编写好的录入程序进行数据录入工作。通常采用双录系统，即数据录入两遍，以保证数据录入的质量。③甄错，对问卷中存在的一些不符合逻辑或者错误的数据进行修正，以保证数据资料的完整性和一致性。

（4）数据资料分析整理：数据资料分析整理一般采用统计软件 SPSS for Win，借助于各种统计方法进行。①进行频数统计、清理数据，通过频率分布表了解调查结果。②进行交叉统计，将某一个变量与其他变量交叉分组，以观察所要调查的变量与其他变量之间的关系。③如有需要可以进行一些较复杂的统计分析，如均值检验、方差分析、因子与聚类分析等。

1.3.2.3 市场调查报告写作训练

（1）市场调查报告的内容及结构形式。

①导言，主要包括标题、前言和目录表。

a. 标题：标题应该醒目、具有吸引力，简明准确地表达调查报告的主要内容。标题应包括：该项调查的标题和主题。

副标题，即该份调查报告提供的具体资料。

准备调查报告的人员。

接受报告的部门名称和地址。

b. 前言：前言是该项调查项目的简明介绍。这部分内容应包括：

报告的可靠依据；

调查的目的和范围；

资料收集的基本方法和要求，可以包括调查人员的简要看法；

表示调查人员对该调查项目的态度，以及对有关方面的致谢。

c. 目录表：当调查报告内容较多时，应使用目录形式列出主要内容及页码，编排在前言之后。目录的主要内容包括：

研究的目的；

调查的方法；

调查的结果；

调查结果的概括和结论；

建议。

②报告主体。

a. 调查的详细目的：在报告主体的开头，调查人员首先应当简明扼要地指出该项调查活动的目的和范围，以便阅读者准确把握调查报告所叙述的内容。

b. 调查方法说明：

资料来源。说明资料的来源，收集资料所采用的方法及采用这些方法的原因。

调查步骤。说明采用哪些调查方法，如果采用抽样调查方法，应当简明指出选择什么样本进行调查。同时，应说明采用的调查步骤，并且说明材料采用了哪些统计方法。

访问员的选择和培训过程。提供选择访问员及其培训过程，并附上访问员名单及其资历说明，以及培训计划的提纲。

c. 调查结果的描述与说明：

在花费大量的时间和精力分析和解释资料后，应当使用结构严谨和有效的方法呈报调查结果。如果其中采用较多的形象化的方式，如表格和图形，就必须清楚有效地加以分析，以便保证这些形象化的方式能够有效地说明问题。

d. 调查结果与结论的摘要：

准备概括性的摘要，以便读者能够尽快了解该项调查的结果。同时将所作结论同研究目的密切联系起来，这样阅读者可以先查阅研究目的，然后进一步思考与特定目的有关的结论。调查结果的结论要简短，一般不超过调查报告内容的1/5。

③建议事项。

调查人员必须先对整个调查项目有深刻的认识，才能做出结论并且提出有价值的建议。建议应当以调查结果为基础，不受个人感情所支配，针对调查获得的结果提出可以采取哪些措施、方案或具体的行动步骤。

④附件。

附件是调查报告的附加部分，是对正文的补充或更为详细的专题性说明。附件主要包括问卷、样本的分布、图表、附录和其他没能包含在报告主体中的材料。

（2）撰写市场调查报告的要求。

调查报告要符合调查报告的一般格式，应注意以下问题：

a. 调查报告必须真实、准确，要以实事求是的科学态度，准确而全面地总结和反映调查结果。

b. 调查报告应根据调查目的和调查报告的内容确定篇幅的长短。

c. 仔细核对全部数据和统计资料，务必使资料准确无误。

d. 调查报告所包括的项目应与调查宗旨有关，应剔除一切无关资料。

e. 调查报告应该用清楚、简洁的语言表达。

f. 充分利用统计图表、统计数据来说明和显示资料。

g. 调查报告版面应合理设计，便于阅读。

1.3.2.4 市场调查报告说明会

（1）市场调查报告说明会的准备。

市场调查报告说明会准备的步骤包括：①编写口头报告提纲：口头报告可在书面报告的基础上根据口语表达的特点进行修改，写出口头报告提纲。对内容熟悉、可以清晰表达的部分略写，对内容不熟、不易清晰表达的部分详细写。提纲的字要写得小一些，尽量少占用篇幅，以免因频繁翻页而影响了汇报的效果。②明确内容的表达方式，一一列清要演示的图表、图片及其内容。③对听众可能提出的问题，事先要有所准备。④认真演练口头报告。⑤事先检查报告说明会场地的器材设备的工作状态，如所需的白板、幻灯片、录像机、计算机等。

（2）市场调查口头报告应注意。

进行市场调查口头报告时要注意：①按照书面报告的结构准备好详细的提纲，进行充分的练习。②汇报者声音放松、语速适中、吐字清晰，穿着大方得体、色彩搭配协调。在汇报前反复练习、充分准备。③尽量借助图表来增加效果，增强报告的感染力、节约汇报时间。④报告要言简意赅，通俗易懂，有趣味性和说服力。⑤与听众保持目光接触。汇报时汇报者尽量看着听众，必要时可以向听众发问，掌握汇报的主动权，引导听众的思路跟随报告内容的推进。⑥集中时间回答听众提出的问题。⑦在规定的时间内结束报告。

1.3.3 训练的组织形式与要求

（1）各团队在训练开始前向指导教师提交团队训练计划，包括：调查课题名称、选题背景、调查内容、人员分工安排、时间进度安排等。对训练项目的可行性和科学性进行论证，经指导老师批准后方可实施。

（2）各团队可以单独计划和实施一个调查项目，如有需要也可以通过团队组合形成联合团队进行计划和实施调查项目，但团队之间须协调好工作职责、人员分工等，并按计划记录训练情况，包括项目进行的环节、时间、重要记事、任务及完成情况等。

（3）各团队按时向指导教师提交市场调查方案（含问卷），并就方案内容进行答辩和修改，方案定稿后进入市场调查项目组织实施阶段的训练。

（4）调查项目实施时，各调查项目安排督导员一名，其余成员有序分工，分头进行调查。指导教师对各团队项目实施状况和实施进度进行抽查，对实施过程中出现的问题给予及时的指正。

（5）数据处理及分析阶段可由指导教师或相关人员提供技术支持，以保证调查结果按规范要求完成。

（6）各团队根据训练项目的调查分析结果，撰写市场调查报告。

（7）各团队根据书面报告的内容准备口头报告及演示文稿，认真做好市场调查报告说明会的准备工作。各团队负责人共同协调，负责说明会的有关筹备、组织等事务，为说明会提供一切物资及人员准备。

（8）说明会的举行：

地点：多媒体教室。

所需设备：多媒体投影仪、音响设备。

参加人员：领导、企业嘉宾、专家、教师及全班学生。

流程：①准备阶段：包括主持人自我介绍，与会者各自介绍，主持人介绍说明会目的等内容。②主体阶段：各项目发言人依次进行报告解说，回答听众提问。③结束阶段：嘉宾点评和指导教师讲评，对全班所有报告总体上的优点和缺点进行评讲，指出学生的努力方向。

（9）指导教师根据各团队的市场调查计划、实施及其完成情况（训练纪录）和说明会与答辩情况综合评定小组成绩。其中市场调查方案（含问卷）在小组成绩中占30%，市场调查项目组织实施情况在小组成绩中占30%，项目训练计划及其完成情况（训练纪录）在小组成绩中占20%，说明会与答辩情况在小组成绩中占20%。

2 国际目标市场选择、进入方式与产品策略决策能力训练

企业在进行跨国生产、经营和交易时，满足各个地区所有顾客的需求是不可能的。企业必须根据一定标准、按照一定的步骤将国际市场划分为特点各异的较小市场，对各个小市场深入调查、全面评价，企业从中选出在满足消费者需求方面具有相对优势的部分，有针对性地明确企业和产品在目标顾客心目中的地位，选择恰当的市场进入方式，力争在目标市场上有效满足顾客需求，才能实现企业的跨国经营目标。国际市场产品策略是国际市场营销组合的核心和基础。国际市场环境的复杂和多变，在国际市场产品决策过程中企业会面临诸多难题，除了要针对国际目标市场的顾客需求确定产品开发、产品组合、产品包装与品牌、产品服务策略以外，还要根据国际市场的划分及不同市场的需求差异与经济技术发展的差异，寻找与确定产品投入国际目标市场的恰当时机和方式。

2.1 国际市场细分训练

某电器公司响应党中央的“走出去”战略，瞄准国际细分市场，自主研发新产品，特别是针对日本市场定制的一款室内循环风扇，一经推出便打开了国际销路，成为颇受日本顾客喜爱的产品。国际市场细分的目的就是通过对国际市场消费者的类别划分，使得企业可以更好地把握各类顾客的基本特征，比竞争对手更有针对性地提供产品和服务，赢得顾客信任。

2.1.1 国际市场细分的训练目的

（1）明确国际市场细分对于企业经营决策的意义，掌握市场细分的基本程序、方法。

（2）熟练运用市场细分标准和方法、掌握市场细分的技巧。

2.1.2 国际市场细分训练内容与方法

国际市场范围广、顾客数量大、需求特征差异大，可供细分的标准又多种多样，要有效进行国际市场细分，必须由粗到细、从略到详，按步骤进行。

2.1.2.1 明确国际市场细分的步骤

（1）选定国际市场范围。

（2）列举顾客的基本需求。

（3）了解潜在顾客的各种需求。

（4）忽略潜在顾客的共同需求，以其特殊需求作为细分市场的标准。

（5）根据潜在顾客的需求差异进行国际市场划分，为各划分后的子市场命名。

（6）分析各子市场需求与购买行为特征和产生这些特征的原因。

（7）评估各细分市场的大小及潜力，选择有利于企业国际化经营战略目标的细分市场。

2.1.2.2 国际市场细分训练

（1）在进行国际市场细分前，要明确：①国际市场的具体范围和进行国际市场细分的目的；②对企业产品的客户进行初步分类，判断企业的直接客户是最终消费者、生产商、中间商还是非营利机构；③明确具体的产品种类，这种产品是现有产品还是新产品。

（2）进行国际市场环境和购买者调查。

针对第 6 章训练的内容，对国际市场环境进行充分调查：①判断各国购买者对特定类别的产品的需求特点和满足状况；②了解各国购买者对该类产品的各种属性等级的不同评估与要求；③分析各国购买者对市场上现有同类产品的态度；④各国购买者对当地产品、价格、分销、促销等营销要素的敏感程度。

当企业对国外的顾客信息收集存在一定难度时，可以通过委托当地的企业、市场调查机构、行业协会、大学或研究机构等来完成。

（3）确定国际市场细分的层次。

对国际市场调查所得到的数据资料进行分类、整理，找出各国购买者在需求上的共性与区别。根据顾客所处的地理位置和环境，人口总量和结构特征，顾客类型和心理特征，购买习惯与间隔时间、购买方式等行为特征，购买产品的最终用途和使用方式，购买次数和单次购买量，购买决策的过程特征，对销售商的选择特点等标准，进行逐步的市场划分。

国际市场细分具有三个层次的含义，即国际市场细分、国际区域市场细分和目标国与地区市场细分，如图 2-1 所示。

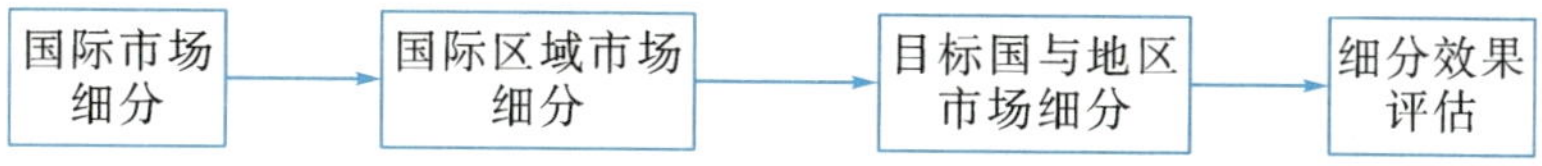

图 2-1　国际市场细分

国际市场细分是根据一定的划分标准将整个世界市场划分为若干个国家、国际性区域的子市场，每一个子市场具有基本相同的营销环境和需求特征，企业选择某一组或某几个子市场作为目标市场。国际市场细分的标准主要有地理标准、经济标准、文化标准及其组合。

国际区域市场细分是针对已经划分为较大的国家市场或国际区域市场，针对不同国家和地区的市场环境和顾客需求的差异，选择合适的标准将市场划分为若干个国家和地区子市场。国际区域市场细分的标准通常有地理标准、经济标准、文化与亚文化标准及其组合。

目标国与地区市场细分与国内市场细分相类似，企业针对某一国家或地区的市场在顾客需求方面存在的差异，进一步细分成若干个子市场。在目标国与地区市场细分中用于细分消费品市场的标准主要有地理环境、人口状况、消费者心理、购买行为特征等标准，用于细分工业品市场的标准主要有地理环境、用户性质与规模状况、用户需求特点和购买行为特征等标准。

（4）确定国际市场细分采用的方法。

在进行国际市场细分的过程中，根据行业特征、市场特征、顾客特征、产品特征、和竞争状况，采用的细分方法有单指标细分法、双指标细分法、三维细分法和系统聚类细分法（又称最小距离细分法），如图 2-2 所示。

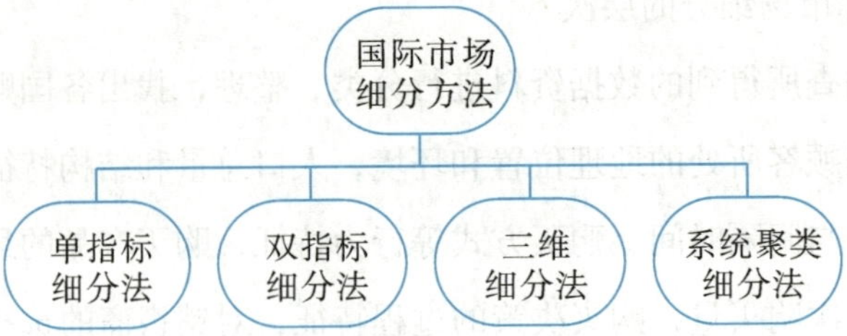

图 2-2　国际市场细分方法

（5）确认国际市场细分各层次所采用的标准。

根据顾客类别和基本特征，结合国际市场细分的目的，列出可能的国际市场细分标准，并根据国际市场细分的目的选择恰当的细分标准。

（6）进行细分，描述细分市场。

对已收集的信息进行归类分析，筛选出有价值信息并用确定的细分标准对顾客进行分类，明确各类顾客的具体特征及相互之间的差异性。

命名细分出的各子市场，对其进行市场产销量、市场增长率、行业内各竞争对手市场占有率等的详细描述，比较并有效区别各市场的差异性。

2.1.3　训练的组织与要求

（1）各团队以第 6 章训练所选择的产品进行分析研究，把国际市场按选择的细分标准进行划分；描述各子市场的具体情况和特点。

（2）以团队为单位进行，在训练中进行课堂讨论和交流，训练结束后各团队提交具体产品的市场细分报告和子市场情况描述。成绩考核包括课堂讨论交流和团队报告，其中课堂讨论交流在成绩考核中占 30%，团队市场细分和子市场描述在成绩考核中占 70%。

2.2　国际目标市场选择与国际市场定位训练

国际目标市场是企业拟进入的子市场，企业要以何种形象向目标市场的顾客提供产品，依赖于企业的优势资源和目标市场的需求特征之间的对接。根据《中国企业形象全球调查报告 2021》，全球受访者对中国企业在责任、公平、可信、成功 4 个维度表现的整体认可度都超过了 75%，其中对中国企业的成功维度评价最高，达 82%。这说明中国企业充分利用自身现有和潜在优势，有效满足目标市场顾客的独特需求，准确传递并逐渐塑造企业自身和产品在顾客心目中的良好形象，这是企业实现其国际化经营目标的途径之一。

2.2.1 训练目的

（1）了解国际目标市场选择的模式和策略，掌握国际目标市场选择的程序和方法。

（2）加深对国际市场定位的概念及其重要性的认识，了解国际市场定位的几种方式，培养学生结合企业实际情况选择具体国际市场定位方式的能力。

2.2.2 训练内容

国际市场细分是企业选择国际目标市场的重要前提和基础。企业进行国际市场的有效细分以后，要从已经细分的若干子市场中选择出一个或几个子市场作为自己的国际目标市场。选择国际目标市场的总体标准是要能够充分利用企业资源有效满足子市场上购买者的需求。

2.2.2.1 对各子市场进行筛选，提出目标市场选择的初步方案

根据上一节训练的内容，将已经细分的各子市场进行排列，对各子市场初步进行判断选择，以缩小正式选择的范围、降低进一步评估的成本。列出各子市场的需求特征和市场容量、市场增长率、各竞争对手的市场占有率、竞争对手的产品特征和顾客现有需求的满足状况等。

（1）分析对比各子市场的指标和特点。

（2）根据第6章第2节的训练内容，结合团队所选择企业的自身相对优势条件和竞争对手的具体状况，选定其中对于企业来说具有市场机会的若干子市场。

（3）对各子市场的数据指标进行进一步对比判断，将其中的一个或几个子市场的组合预定为企业的目标市场，形成目标市场选择方案。建议团队提出两个以上的目标市场选择方案进行比较以供最终目标市场抉择。

在选择国际目标市场的过程中要注意根据其可测量性、需求的足量性、可进入性、易反应性和具有稳定性等几个标准来衡量。

2.2.2.2 国际目标市场的选择训练

（1）建立各子市场的消费者、用户特征剖析表。

对子市场现有的、潜在的顾客的购买行为特征进行分析，有利于企业集中优势资源，针对目标顾客的购买特点设计经营方式和营销手段，有效占领目标市场。消费者特征剖析见表2-1，工业品用户剖析见表2-2。

表 2-1 消费者特征剖析

行为特征	子市场 1	子市场 2	子市场 3	……
消费者年龄				
消费者性别				
消费者收入水平				
消费结构				
消费者的社会阶层				
消费者生活方式				
消费者受教育状况				
消费者职业				
……				

表 2-2　工业品用户剖析

行为特征	子市场 1	子市场 2	子市场 3	……
用户行业特征				
用户规模及组织结构				
用户购买产品的用途				
用户对产品的使用方式				
企业产品或服务在用户生产经营价值链的具体环节与作用（重要程度）				
用户购买决策特征				
……				

（2）评估市场规模。

直接估计市场规模的方法是根据所获得的统计资料找出影响产品市场前景的各项因素，通过回归分析法找出各项因素对产品市场前景影响的具体程度，再根据对各项影响因素的预测判断，推算出预定经营期内产品或服务在子市场的销售规模。具体见公式（2.1）：

$$S_{ax} = f(y_{1x}, y_{2x}, \cdots, y_{nx}) \tag{2.1}$$

其中，S_{ax} 是产品 a 在时间段 x 内某一具体国际目标市场的潜在销售量，y_{1x}，y_{2x}，…，y_{nx} 是影响产品 a 在这一市场相同时间段内销售情况的各主要因素。

间接评估市场规模的方法是通过对目标市场国家的宏观经济指标进行分析，从中间接推算出市场规模，常用的指标包括国内生产总值（gross domestic product，GDP）、国民收入（national income，NI）、物价指数（consumer price index，CPI）、产品进口量以及这些指标在最近几年的变动情况。

（3）运用市场选择指数法选择或放弃子市场。

在分别确定各子市场销售潜力可能存在的影响因素以后，对各影响因素的现状及其具体影响程度赋予一定的权数，对各子市场的各影响因素进行评分，最后加权得出各子市场的市场选择指数，确定市场选择指数分值较高的子市场作为国际目标市场。具体计算见公式（2.2）。各子市场的影响因素评分见表 2-3。

$$V_k = \sum_{i=1}^{m} a_i X_{ik} \qquad k = 1, 2, \cdots, n \tag{2.2}$$

其中，V_k 是第 k 个子市场的市场选择指数；a_i 是第 i 个影响因素的权数，且 $\sum_{i=1}^{m} a_i = 1$；X_{ik} 是第 k 个子市场在第 i 个影响因素上的评分，且 $0 \leqslant X_{ik} \leqslant 100$。

表 2-3　各子市场的影响因素评分

影响因素	权数	各子市场的评分				
		子市场 1	子市场 2	子市场 3	……	第 k 个子市场
子市场当前产销量	a_1	X_{11}	X_{12}	X_{13}		X_{1k}
子市场潜在需求量	a_2	X_{21}	X_{22}	X_{23}		X_{2k}
子市场人均 GDP	a_3	X_{31}	X_{32}	X_{33}		X_{3k}
竞争状况	a_4	X_{41}	X_{42}	X_{43}		X_{4k}
子市场当前经济周期状况	a_5	X_{51}	X_{52}	X_{53}		X_{5k}
……						
第 i 个影响因素	a_i	X_{i1}	X_{i2}	X_{i3}		X_{ik}
合计		V_1	V_2	V_3		V_k

（4）计算子市场的行业市场潜力。

对已经选择出的为数较少的国家或地区的子市场，进一步判断其市场潜力，以预测在特定时期该子市场的行业在未来较长时间内的最大销售量。子市场行业市场潜力评估模型主要以其市场现实规模和市场年增长率来判断，如图 2-3 所示。

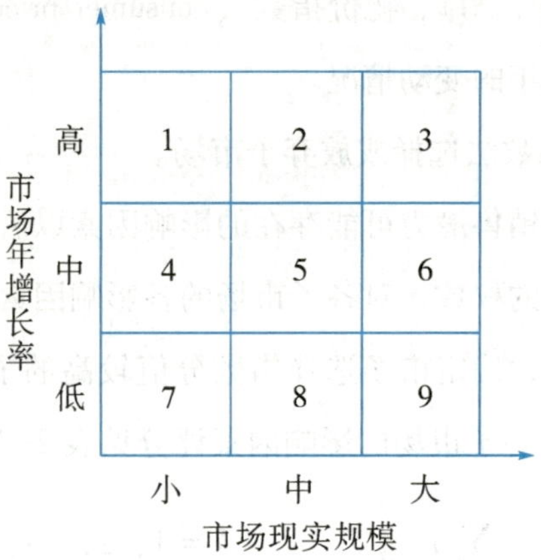

图 2-3　子市场行业市场潜力评估模型

在选择国际目标市场的过程中，将目标子市场的年增长率分为高、中、低三个类型，将子市场的市场现实规模分为大、中、小三种层次，对子市场的市场潜力进行评估时，将各子市场的市场年增长率和市场现实规模比较，将子市场按其市场年增长率高低和市场现实规模大小放在图形中的适当位置，通过比较判断出子市场是否可以成为企业的国际目标市场的最佳选择。其中，位置 3 的子市场一般都是企业较为理想的国际目标市场，位置 7 的子市场一般企业都会予以淘汰，而位于 1、2、4、5、6、8、9 的子市场则要根据企业的国际化战略目标来具体确定，如果企业的国际化战略目标更多地依赖于市场规模，企业应该选择市场规模最大或接近于最大区域的子市场；如果企业的国际化战略更多地依靠子市场的增长潜力，企业应该选择市场增长率为最高或接近于最高区域的子市场。

2.2.2.3　市场定位方式选择训练

（1）列出可供企业选择的市场定位的基本方式，如领先定位、避强定位、迎头定位、“高级俱乐部”定位等。

（2）分析所列各基本方式的特点，进行各种定位方式下企业资源和竞争环境的比较，列出各定位方式的基本要求和优缺点，具体如表 2-4 所示。

表 2-4　各定位方式的比较分析

定位方式	企业资源	竞争环境	优点	缺点
领先定位	企业优于所有竞争对手			
避强定位	企业实力不足以与强大竞争对手抗衡			

表2-4(续)

定位方式	企业资源	竞争环境	优点	缺点
迎头定位	企业实力能与行业领先者相抗衡			
“高级俱乐部”定位	企业非行业领先者而将自己与几位领先者放在一起宣传			

(3) 为团队所选择的企业和产品挖掘潜在的竞争优势，根据已经列出的企业资源和竞争环境状况选择适当的定位方式，说明采取这种定位方式的理由。

2.2.2.4 市场定位方法选择训练

(1) 列出产品特色、产品用途、产品使用者、重新定位、产品类型功能、竞争定位等常用的定位方法。

(2) 比较和分析各种定位方法的优缺点，明确重新定位的具体类型。

(3) 列出主要竞争对手产品的定位方法和效果。

(4) 明确团队所选择的企业产品的潜在优势，分析子市场顾客的需求特征和购买习惯。

(5) 确定产品的核心竞争优势，通过列表对比的方式来识别企业产品的核心竞争优势，每项满分为 10 分，如表 2-5 所示。

表 2-5 企业产品核心竞争优势比较分析

比较内容	对顾客的重要性	公司优势	主要竞争对手优势	公司改变现状能力	竞争者改变现状能力	核心优势
质量						
技术						
价格						
服务						
……						

(6) 结合产品的核心竞争优势进行定位，确定向目标顾客有效传递企业产品的竞争优势的方式方法。

具体确定国际市场定位的方式方法时，要注意把握好重要性、明晰性、优越性、可沟通性、可接近性、难以替代性和盈利性等定位的基本原则，并避免使定位结果陷入定位模糊、定位偏窄、定位过低、定位过高、定位混乱等市场定位误区。

2.2.3 训练的组织形式与要求

（1）根据前一阶段的训练结果继续本阶段的训练操作。

（2）本节的训练要求学生以团队为单位对团队所选择的企业和产品进行企业资源分析、产品分析和顾客分析，写出国际目标市场选择报告和国际市场定位报告。团队的分析和讨论结果在班级进行演示和交流。

（3）训练的考核以团队为单位进行，其中训练分析判断过程要求记录，过程记录和报告成绩各以 50%计入考核成绩。

2.3 国际市场进入方式选择训练

作为全球最大的多媒体音响产品提供商之一，深圳市某数字科技有限公司生产的音箱及配件等产品受到国际市场青睐。2020 年以来，该公司在俄罗斯拓展了新的客户，并且在越南设立了新工厂，加大了产能投入，订单得到大幅提升。2021 年前 11 个月，该公司出口货值 13.7 亿元，其中出口共建“一带一路”倡议覆盖的国家约 5.1 亿元，同比增长 40.78%，对推动共建“一带一路”国家当地经济可持续性发展有积极影响①。

企业确定国际目标市场以后，要进入国际目标市场，就需要投入一定企业资源、承担一定投资风险。首次进入国际市场的企业，由于缺乏国际市场运作经验，会先采用销售方式进入国际目标市场，这种方式缺乏明确的国际化经营目标和长期发展计划。如果要在国际目标市场长期经营并具有一定的国际竞争力，企业需要系统规划国际目标市场进入战略，根据国际市场进入战略的安排，在预定的时间内采取相应的市场进入方式，最终实现占领国际目标市场、扩大国际市场范围、成功进行国际化经营目标。

2.3.1 训练目的

（1）要求学生了解企业产品进入国际市场的基本模式及其特点。

（2）要求学生掌握企业产品进入国际目标市场的方式、方法和技巧。

① 吴德群，刘洪伟. 自主研发瞄准国际细分市场 深圳家用电器出口火热［EB/OL］.（2022-01-06）［2025-07-28］. https://article.xuexi.cn/articles/index.htm/? art_id=2770899607509184463&item_id.

2.3.2 训练内容

选择国际目标市场进入模式，要遵循一定的步骤。首先评估国际市场，在确定国际目标市场以后，选择恰当的国际目标市场进入模式。

（1）国际目标市场进入模式对比训练。

①列出可供企业选择的国际目标市场进入的基本模式，如出口进入模式、契约进入模式、投资进入模式。

②分析所列各国际市场进入模式的特点，进行各种进入模式下企业资源条件和企业经营目标要求与实现程度的比较，列出各国际目标市场进入模式的特点并进行比较，具体如表2-6所示。

表2-6 各种进入模式下企业资源条件和经营目标要求与实现程度比较分析

进入模式	企业资源条件	市场进入深度	对业务的控制程度	企业经营的灵活性
出口模式				
契约模式				
投资模式				

③列举各种国际市场进入模式下的具体方法，比较各市场进入方法对企业资源的要求和特点，说明采取这种方式的理由，具体如表2-7所示。

表2-7 各市场进入方法对企业资源的要求和特点比较分析

方法		要求企业资源	优点	缺点
间接出口	生产企业将产品卖给国内外贸公司			
	生产企业委托国内外贸公司代理出口产品			
	生产企业之间通过合作方式出口一方或双方的产品			
	产品通过国外机构在国内的分支机构转售到国外市场			
直接出口	产品出售给国外经销商			
	产品委托国外代理商销售			
	产品直接卖给国外最终用户			
	生产企业设立驻外办事处或分公司销售产品			
	生产企业建立国外销售子公司销售产品			

表2-7(续)

方法		要求企业资源	优点	缺点
许可证方式	普通许可			
	排他许可			
	独占许可			
	从属许可			
	交叉许可			
特许经营				
管理合同				
合同生产				
直接投资	购并（合资、独资）			
	绿地投资（合资、独资）			
间接投资				

（2）国际市场进入方法选择训练。

①列出团队选择的企业的内部因素，分析内部因素对企业选择国际目标市场进入方式的影响程度和重要性，具体如表 2-8 所示。

表 2-8　各内部因素对企业选择国际目标市场进入方式的影响程度及重要性比较分析

企业自身影响因素		对进入方法影响程度	对企业的重要性
产品因素	产品在企业产品线中的地位		
	产品特色与优势		
	产品的目标市场适应性		
行业的要素密集程度			
生产技术含量和技术成熟程度			
企业实力与优势			
目标市场在企业国际化经营战略中的地位			
企业的国际化经营资源和经验			

②列出团队所选择的国际目标市场的环境因素，分析环境因素对企业选择国际目标市场进入方式的影响程度和重要性，具体如表 2-9 所示。

表 2-9　各环境因素对企业选择国际目标市场进入方式的影响程度和重要性比较分析

国际目标市场环境影响因素	对进入方法影响程度	对企业进入方式选择的重要性
经济制度与经济动态		
市场竞争结构		
当地生产要素和商业基础设施状况		
目标国对外经济关系和基本政策		
目标国社会文化因素		
目标国地理位置		

③列出团队所选择的企业的母国环境对其国际目标市场进入方式选择的影响因素，分析这些因素对企业选择国际目标市场进入方式的影响程度和重要性，具体如表 2-10 所示。

表 2-10　母国环境因素对企业选择国际目标市场进入方式的影响程度和重要性比较分析

企业的母国环境影响因素		对进入方法影响程度	对企业进入方式选择的重要性
企业母国的对外经济政策	出口政策		
	对海外投资的态度与政策		
母国市场状况	市场竞争状况		
	市场增长状况		
	市场实际容量		
	市场发展潜力		
母国相关生产要素的具体状况	原材料质量价格与易得性		
	人力资源状况		
	能源供应状况		

④明确团队所选择的企业的产品特性、市场特性、顾客特性、竞争特性，结合企业的国际化经营目标选择产品的国际目标市场进入方式，说明选择该市场进入方式的理由。

2.3.3　训练的组织形式与要求

（1）根据前一阶段的训练结果继续本阶段的训练。

（2）本节的训练要求学生以团队为单位分析、讨论和总结，并按团队分析讨论的结果进行写作和提交训练报告。报告要求对团队所选择的企业和产品进行相应分析，对国际目标市场进入模式的具体选择和选择的理由进行说明。

（3）训练的考核以团队为单位进行，其中训练中的分析判断过程要求进行记录，过程记录和国际目标市场进入模式选择报告各以 50%计入考核成绩。

2.4 国际市场产品决策、新产品开发与市场推广训练

企业在进入国际目标市场之前，就要对拟进入的产品种类、产品品牌和产品包装、相应的产品服务和保证策略进行系统的规划，以保证企业快速、有效地进入国际目标市场。在市场竞争日益激烈的今天，产品的生命周期越来越短，企业难以依靠单一产品或处于同一生命周期阶段的一批产品获得长期的生存和发展。企业要避免掉入产品生命周期陷阱中，就要不断开发和推出新产品，维持企业的持续经营和发展。我国2022年的《政府工作报告》提出，加大研发费用加计扣除政策实施力度，将科技型中小企业加计扣除比例从75%提高到100%，对企业投入基础研究实行税收优惠，完善设备器具加速折旧、高新技术企业所得税优惠等政策。这相当于国家对企业创新给予大规模资金支持。创新是引领发展的第一动力。进一步加大企业创新激励力度，落实好各类创新激励政策，促进企业加大研发投入，培育壮大新动能，必将为实施创新驱动发展战略、推动高质量发展打下更加坚实的基础。

2.4.1 训练目的

（1）要求学生熟悉产品的整体概念，对团队所选择的产品能够进行各层次的划分，分析目标市场的购买者购买产品的利益点，进一步明确上一章训练对产品确定的市场定位的准确程度。

（2）要求学生掌握在国际市场上产品生命周期各阶段的特点，能够确定团队所选择的具体产品在目标市场上所处的生命周期阶段，为产品确定产品策略并为以后的训练做准备。

（3）要求学生熟悉新产品的各种类型和开发新产品的程序。开发新产品开发是保证企业持续经营的理念，学生要初步掌握开发和推广新产品的具体程序与策略。

2.4.2 训练的内容与方法

对产品整体概念的掌握和了解产品所处的国际市场生命周期是了解与分析产品的基础，进行产品延伸、产品改造或开发新产品的决策，以及产品品牌、包装、服务和保证决策都是以对产品的分析为前提的。

（1）产品整体概念分析训练。

各团队根据上一章训练的结果，对自己所选择的产品进行深入分析，将各目标顾

客对产品的需求进行层次划分，找出各类顾客对该产品需求的核心利益、附加利益和对产品实体的各项具体要求（见图 2-4）。

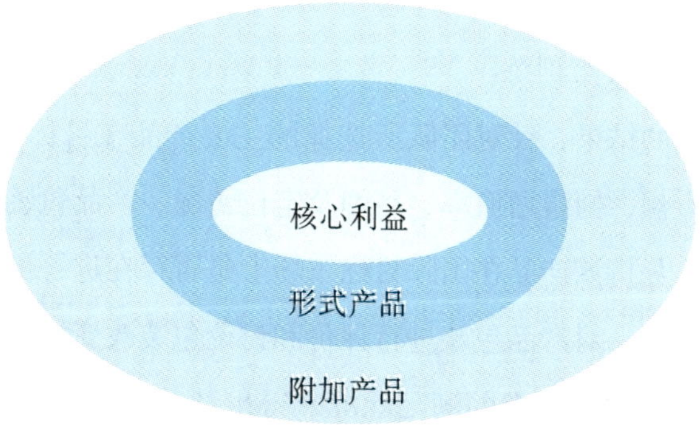

图 2-4　目标顾客对产品需求层次划分

（2）产品的国际市场生命周期分析训练。

各团队根据上一章训练的结果和查询的资料，对选定的产品进行国际市场生命周期分析。需确定以下几方面问题：产品在市场上出现的最早时间；产品开始在国际市场间转移的时间；产品在不同的国际细分市场间生产和转移的模式、时间、数量、种类等，绘出产品的国际市场生命周期图，如图 2-5 所示。

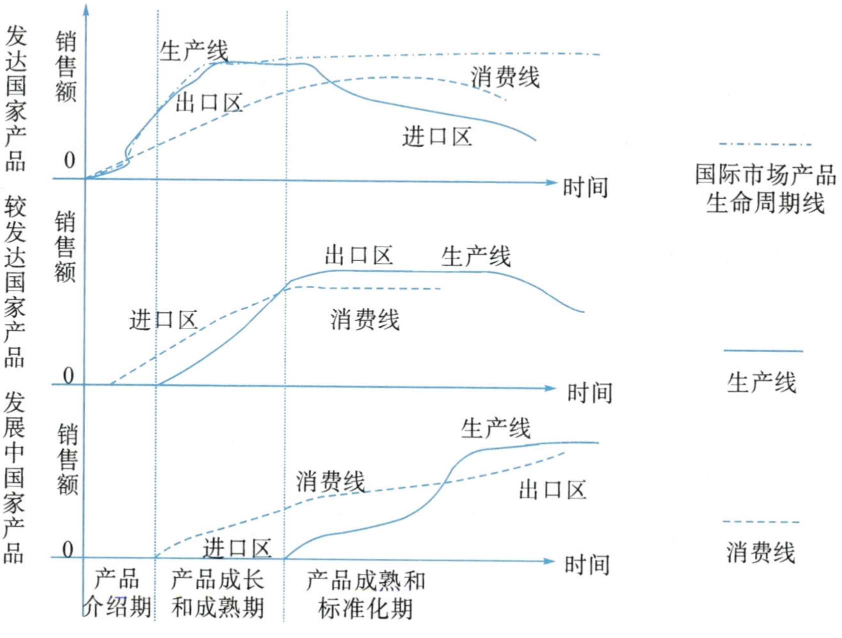

图 2-5　产品国际市场生命周期

针对产品在国际目标市场上所处的具体生命周期阶段，确定产品在当前国际目标市场上需要采取的产品策略，进行下一项训练。

对于在国际目标市场上已经处于产品成熟阶段后期的产品，判断可否延长产品在国际市场上的生命周期，如需要则重新进行国际目标市场选择和国际目标市场进入方式的选择，再进入下一项训练。

（3）产品国际市场决策训练。

根据前两项训练的结果，针对团队所选择的主要产品在目标市场上的销售状况，列举其销售量、销售额、销售增值率、品牌及定位情况、产品包装、产品的服务状况和质量保证等情况，分析该产品在国际目标市场上是否存在进一步的开发机会，讨论产品品牌延伸的可能性，对产品包装进行评价和讨论包装改变的必要性，评价与判断产品服务和产品保证对顾客需求的满足状况，得出产品策略针对顾客需求的满足状况，提出产品策略的改进意见。

（4）国际目标市场新产品类型判断与开发训练。

新的市场机会是新产品开发与推广的基础。要开发与推广新产品就要详细分析市场需求的整体趋势和消费者偏好的变化，对已有的细分市场进行充分调研，了解竞争对手的产品策略和营销动向，才能有效进行新产品决策。

根据上一章和本章上一节训练的结果，先回答以下问题：

①团队所选择的产品是否是国际目标市场上正在销售和使用的产品？如果是，该产品是哪些企业在何时以何种方式进入目标市场的？

②国际目标市场上的购买者对现有产品是否具有某种偏好或不满意？如果有，具体体现在哪些方面？

③团队所选择的产品是否是企业的新产品？如果是，是属于什么类型的新产品？

④新产品的构思来源是什么？

在对上述问题回答之后，团队通过对国际目标市场需求的分析，发现市场机会，产生新产品构思，并按下列程序对新产品实施开发，如图 2-6 所示。

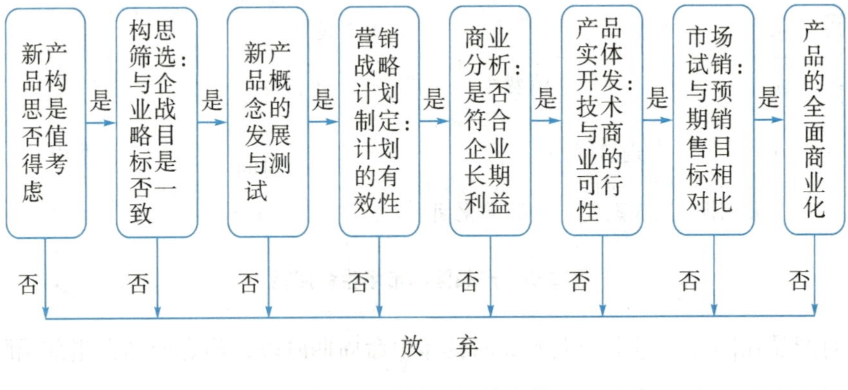

图 2-6　新产品实施开发

（5）新产品构思筛选训练。

①明确新产品构思筛选的目的，确定新产品构思筛选的标准。对于不同的国际目标市场，新产品构思筛选的标准会有所不同，标准的选择既要分析特定产品构思的市场前景，又要考虑新产品开发的资源状况和竞争对手的动向。

②确定新产品构思筛选的方法。找出影响新产品成功的各主要因素，并将之分别简化为各具体要素，用概率表明其所占的权重，通过评价各要素等级后加权获得评价分数，如表 2-11 所示。

表 2-11　影响新产品成功的具体要素分析

要素	具体要素	权重	A 很好 >5.00	B 好 3.55~4.95	C 一般 2.05~3.50	D 差 0~2	E 很差 0 以下	评分
可销售性	企业的国际产品销售能力	0.35						
	对现有国际产品销售的影响							
	与现有产品系列的关系							
	与现有销售渠道的关系							
生产能力	生产技术专长	0.15						
	必需的生产知识和人员							
	原料来源							
国际市场吸引力	市场容量	0.25						
	市场占有率							
	市场增长率							
	竞争者的威胁							
	进入国际目标市场的难易							
	预计可获得的最终用户							
盈利性	投资回收的可能性	0.25						
	战略目标期内的盈利性							
合计								

（6）新产品概念发展与测试训练。

①新产品概念的形成。

在将新产品构思转化为新产品概念的过程中，首先要收集相关信息，这些信息包括：a. 国际市场环境信息，明确国际目标市场特征和国际竞争状况；b. 收集专利资料，发现潜在竞争对手；c. 调查行业专家和顾客以评估其对新产品构思的态度；d. 对主要顾客、优质顾客进行调查，获取有关新产品概念的建议。结合对产品整体概念的分析，明确新产品品牌及定位。

②新产品概念测试。

新产品概念形成以后，选定国际目标市场上具有较高代表性的购买者进行概念测试，了解购买者对新产品概念的反应，从中选出最有希望成功的产品概念。具体内容如表 2-12 所示。

表 2-12　概念测试指标及内容

测试指标	测试内容
新产品概念的可传播性	购买者对新产品概念所提供的利益是否清楚
新产品概念的可信度	购买者是否相信新产品概念所能够提供的利益
潜在购买者对新产品概念的需求水平	购买者对该新产品概念的需求强烈程度
新产品概念与现有产品的差距	新产品概念与现有产品差距大小表明新产品的机会
潜在购买者对新产品概念的认知价值	购买者对新产品概念所体现价值的反应
潜在购买者购买意愿	新产品已存在时购买者购买该产品的可能性
用户目标与特征	购买者购买新产品的频率、地点、目的、习惯等
用户购买产品用途和使用频率	购买者使用新产品的用途、使用方法、使用频率等

③新产品概念的组合分析。

针对同一市场需求的多个不同新产品概念、竞争对手的产品、同一产品概念的不同形式，根据产品的品牌、定价、产品特征等要素进行组合，将各组合出来的产品进行购买态度和倾向的排序，通过组合分析测试出购买者最倾向于购买的新产品概念，如图 2-7 所示。

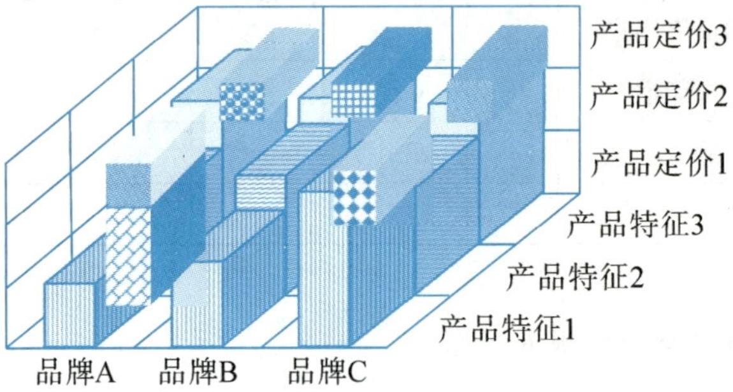

图 2-7　新产品概念组合分析

（7）初步的营销战略计划拟定训练。

针对已经通过测试的新产品概念，提出初步的营销战略计划，内容如表 2-13 所示。

表 2-13　初步营销战略计划内容

目标市场状况	国际目标市场规模、结构、行为特征
	产品的预计销售量、市场份额
产品营销计划	产品的市场定位
	产品的预期价格
	产品的预订分销策略
	各个经营期的营销组合
投资计划	第一年营销预算
	产品投入市场前几年的利润目标
	国际目标市场的长期销售额
	投资收益率

（8）商业分析与预测训练。

在拟定的初步营销计划的基础上，对新产品概念的经济效益进行分析，判断是否符合企业的经营目标，具体指标如 2-14 所示。

表 2-14　新产品概念的经济效益分析

商业分析指标	具体项目内容
销售量预测	参照国际目标市场上现有同类产品市场容量和市场占有率将产品按一次性购买、经常性购买和非经常性购买预测
成本利润估计	广告费用、促销费用、财务费用、管理费用、生产成本、开发成本
	每年预计利润
	每年预计亏损

（9）模拟新产品实体开发。

新产品开发可以通过自主创新、委托其他技术力量雄厚的企业、科研机构或大专院校等进行，或通过各种形式联合进行产品开发，也可通过购并拥有新产品技术的企业、购买发明专利或生产销售许可来开发新产品。新产品开发的过程如图 2-8 所示。

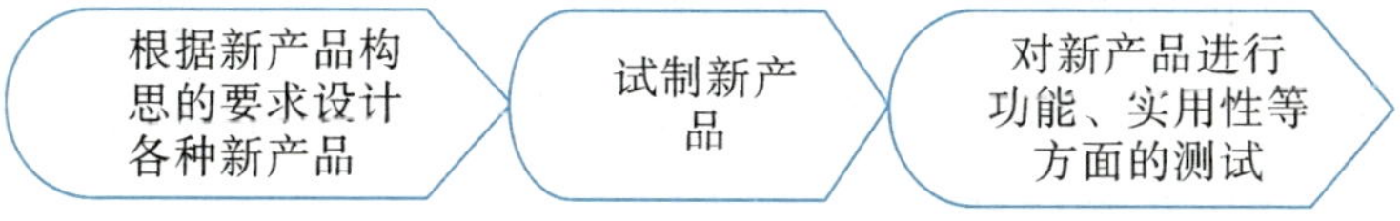

图 2-8　新产品开发过程

各团队根据选择的产品、企业、国际目标市场的具体状况，选择一种新产品实体开发的具体方式，做出新产品实体开发的预算。

（10）模拟市场试销测试，具体程序如图 2-9 所示。

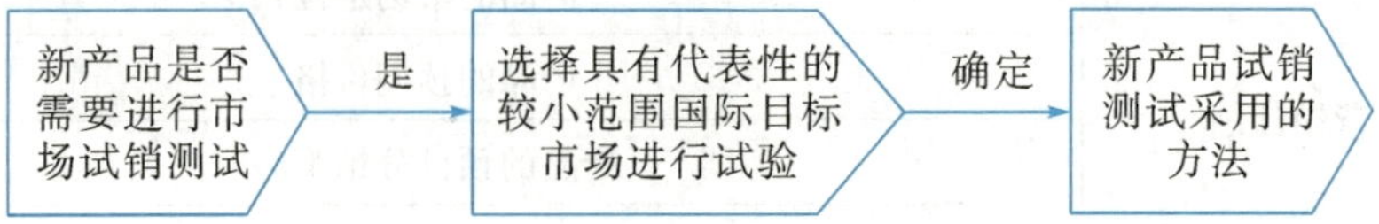

图 2-9　模拟市场试销测试具体程序

①确定新产品是否需要进行市场试销测试。大多数的新产品都要经过试销成功以后，才可正式投入市场。

②确定新产品试销测试的市场范围。新产品的市场试销要选择具有代表性的较小范围国际目标市场进行试验。在选择过程中，尽可能选择在广告、分销、竞争、产品使用等方面与国际目标市场相近的试销市场，试销市场的规模要保证中间商和客户的数量能够代表国际目标市场总体。

③确定新产品试销测试的方法。

日常消费品试销可以采用人员推销、展销、邮寄产品目录等，也可以采用专用于消费品的新产品试销技术，如销售额波动研究试销、购物训练室试销、控制性试销、试验市场试销等。工业品常用试销法可以采用产品使用测试、通过国际性商业展览会介绍等。

试销过程中要不断观察试销结果、调整试销计划并实施，控制促销宣传、试销成本、试销计划目标、试销时间等，把试销结果引向预期方向。

通过对新产品的试销量、市场占有率，用户试用率与重购率、不同类型购买者的购买规模与频率，用户对新产品的性能、品质、包装、价格、促销方式、分销渠道等的反应，竞争对手对新产品的反应，分析影响购买行为的原因，寻找方法和措施来避免在新产品销售中可能起不利影响的因素出现。

（11）新产品的模拟商业化。

新产品的商业化要进行生产费用和营销费用预算，并准确把握推出新产品的时机、地点、方法，所针对的购买对象要选择最有希望购买新产品的创新采用者和早期采用者。具体内容如表 2-15 所示。

表 2-15　新产品的模拟商业化

生产与营销费用预算	生产设备投入
	生产原材料、各种辅料投入
	场地、能源、环保投入
	管理费用投入
	生产和管理人员投入
	包装运输仓储投入
	广告设计与制作、媒体利用及投入
	分销渠道投入
	促销方案与实施投入
选择推出新产品的地点	评价目标市场潜力
	投放新产品成本
	对其他国际目标市场地区的影响力
	市场竞争状况
	市场调查资料的可信度
推出新产品的对象	创新采用者和早期采用者的对其他顾客的影响力
新产品上市的营销计划	营销组合策略
	营销活动的组织与控制

2.4.3　训练的组织与要求

根据团队所选择的产品和国际目标市场，经过团队分工合作和集体讨论得出结论，写出团队产品分析、新产品开发和推广报告。

以团队为单位进行国际目标市场调研和产品调研，针对团队所选择的产品的整体概念、在国际市场生命周期所处的阶段、产品种类、国际市场竞争状况等问题收集资料，对产品的当前营销现状做出判断，提出改进方法和途径；寻找和筛选新产品构思、发展和测试新产品概念，针对已经通过初步测试的新产品概念，进行初步的商业分析与预测，并拟定初步的营销战略计划，寻找新产品实体开发的可行途径，进行模拟的市场试销测试，初步判断新产品商业化的前景。根据分析的结论，提交团队产品分析和策略、新产品开发和推广报告。在产品策略报告中具体内容包括：产品整体概念的具体表述、该产品处于国际市场产品生命周期的什么阶段、该产品在目标市场有何进一步开发的机会、该产品的品牌能否延伸和如何延伸、包装可否进一步调整和如何调整、产品服务和保证是否使顾客满意以及如何进一步提高顾客对产品服务和产品保证的满意度、何时开发何种新产品、如何开发等。

2.5 国际市场产品系列计划与调整训练

企业在进入国际市场前，要进行国际市场产品计划，对选择何种产品和产品系列进入国际目标市场、产品目标、产品品种和系列的调整等进行系统规划，以保证产品能够成功进入和占据国际市场。

2.5.1 训练目的

（1）要求学生熟悉产品系列与组合的原理与应用；

（2）要求学生掌握产品系列与组合的计划、调整方法和技巧。

2.5.2 训练内容

由于大多数企业都生产和经营多种产品，面对需求差异明显的国际目标市场，企业所生产的产品是全部还是部分投入国际目标市场、是直接投入国际目标市场还是经过适应性改变再投入国际目标市场，都需要企业进行慎重选择，对生产和经营的多种产品进行合理安排组合，以最大限度发挥产品组合的优势，在国际目标市场获取最大利益。

2.5.2.1 产品组合类型确定

根据各团队所选择产品的特性、顾客需求，结合企业国际发展战略，确定产品组合的类型，为下一项目训练作准备。具体产品组合类型可参考表 2-16 所示。

表 2-16 产品组合类型

产品组合构成	水平型	强调产品在宽度上的组合
	垂直型	强调产品在深度上的组合
	综合型	产品在宽度和深度上均注重组合
产品因素	性能组合	采用不同性能的产品进行组合
	质量组合	采用不同质量的产品进行组合
	档次组合	采用不同档次的产品进行组合
	款式组合	采用不同式样、色彩的产品进行组合
	规格型号组合	采用不同规格和型号的产品进行组合
	商标包装组合	采用不同商标、包装的产品进行组合
	营销服务组合	提供不同的服务产品进行组合
	全面组合	综合采用各种产品自身的不同因素进行组合

2.5.2.2 产品组合评价训练

各团队根据已经选择的企业和产品，判断产品组合的宽度、长度、深度和关联度。具体产品线和产品项目如表 2-17 所示。

表 2-17 产品线和产品项目

产品线宽度	产品线 A_1	产品线 B_2	……	产品线 N_n
产品线长度	产品项目 A_{11}	产品项目 B_{21}		产品项目 N_{m1}
	产品项目 A_{12}	产品项目 B_{22}		产品项目 N_{n2}
	产品项目 A_{13}	产品项目 B_{23}		产品项目 N_{n3}
	产品项目 A_{14}	产品项目 B_{24}		产品项目 N_{n4}
	……	……		……
	产品项目 A_{1x}	产品项目 B_{2y}		产品项目 N_{nz}

计算产品组合宽度的公式：产品组合宽度 $= n$。

计算产品组合长度的公式：产品组合长度 $= x + y + \cdots + z$。

计算产品组合深度的公式：产品组合深度 $= (x + y + \cdots + z)/n$。

判断产品组合的关联度，主要看各产品线之间在产品生产技术、分销渠道利用、产品最终用途、产品使用者等方面的关联程度。

2.5.2.3 产品组合决策与优化训练

①根据上几章训练的结果，各团队对选择的企业和产品结合已确定的国际目标市场战略确定其产品线的宽度。以低成本为战略优势的企业，选择窄的产品线，采用标准化的产品策略，经营一个或少数几个产品系列，追求扩大产销量和降低生产成本以获取最大收益；以产品特性、顾客忠诚为优势的企业，选择宽的产品线，采用差异化产品策略，经营多个产品系列，追求各不同产品品种充分满足购买者的不同需求、提高市场占有率、获取最大收益。

②分别计算产品线中各产品项目的销售额、利润额的增长率和在产品组合总销售额、总利润额中的比例，判断产品项目在产品线中的地位和发展，具体分析如表 2-18 所示。

表 2-18 各产品项目在产品线中地位和发展分析

比例类型	产品项目 A	产品项目 B	……	产品项目 N
销售额比例				
利润比例				

表2-18(续)

比例类型	产品项目 A	产品项目 B	……	产品项目 N
销售额增长率				
利润额增长率				

对于销售额和利润额占产品线总销售额和总利润额比例最高的产品项目，要根据产品自身的优势采取有效措施加强其市场地位，保证总体盈利；对于销售额增长率和利润额增长率最大的产品项目，要加强营销活动以增加其产销量，扩大其市场占有率，增加产品线盈利；对于销售额和利润额比例低、销售额增长率和利润额增长率也低的产品项目，要考虑放弃产品项目，开发和发展其他有市场前景的产品项目。

③用同样的方法计算各产品线的销售额、利润额在产品组合总销售额、总利润额中的比例，判断销售额增长率、利润额增长率，确定各产品线在产品组合中的地位和发展。对销售额和利润额比例较高的产品线，注意重视和加强其市场地位，保证总体盈利；对于销售额增长率和利润额增长率较高的产品线，加强营销活动提高产销量、扩大市场占有率，提高总体盈利。对于销售额和利润额比例低、销售额增长率和利润额增长率也低的产品线，考虑进行产品线调整。

2.5.2.4 产品组合调整训练

各团队根据自己的产品组合类型、产品组合深广度和关联度、各产品项目和产品线在产品组合中的地位和发展，对产品组合进行调整。

①判断产品组合是否需要缩减，如需要缩减，确定应该缩减的产品线、产品项目；

②判断产品组合是否需要扩大，如需要扩大，确定是拓宽产品组合宽度还是加大产品组合深度，或二者均需发展；

③确定需要增加的产品线或产品项目；

④结合第 7 章第 2 节的训练结果，判断是否需要改变产品的市场定位，如需要，确定产品线延伸的方向；

⑤针对已经确定的产品线延伸的方向，确定需要改变市场定位的产品线及产品项目。对已经确定的要改变市场定位的产品线和产品项目，重复第 7 章第 2 节的训练操作。

2.5.2.5 产品组合的国际目标市场适应性调整训练

在不同的国际目标市场环境中，用户对产品的认识、使用方式方法、需求特征不同，产品要针对国际目标市场的购买者需求等特征进行适应性改变，以增强其在国际目标市场上的竞争力。

①各团队根据自己选择的产品组合所针对的国际目标市场具体环境状况，逐条产品线、逐个产品项目检查其是否符合国际目标市场的质量、包装、商标、安全等方面的标准，是否对当地的自然地理、气候条件等适应，是否符合当地的计量标准及产品的具体技术标准，如果不符合当地要求，要进行适应性改变。

②各团队根据自己选择的产品组合所针对的国际目标市场具体环境状况，检查各产品项目是否符合当地社会文化观念、民族风俗、收入状况所导致的对产品价格的一般要求、购买和使用偏好等，判断分析产品项目是否需要进行适应性改变和如何进行适应性改变。

2.5.3 训练的组织与要求

（1）根据前一阶段的训练结果继续本阶段的训练内容，训练的考核以团队为单位进行。

（2）本节的训练要求学生以团队为单位进行，并按团队训练的讨论结果提交产品组合确定与调整训练报告，具体内容包括：产品组合的类型，产品线长度、产品组合的宽度、深度、关联度判断，产品组合如何优化，产品组合的调整方案等。

3 国际市场营销渠道开发、维护与管理训练

国际市场分销渠道是联系生产商和世界范围内广大用户的“桥梁”，是企业产品和服务走向国际市场的“脚”。企业生产的产品和提供的服务必须通过规划合理、管理有效、运行有序的国际市场营销渠道系统，才能在适当的时间、适当的地点以适当的价格供应给全球的顾客，满足国际目标市场的需求，实现企业的国际化生产经营目标。近年来，在出行工具、服装家纺、电子产品等消费品领域，一些中国品牌紧跟国外市场需求，抓住机遇，走出国门，较好地提升了品牌的国际知名度，有些还成为引领时尚潮流的新兴力量。品质国货出海潮的背后，得益于中国制造业的高质量发展、与服务业的深度融合，也体现了中国品牌不断提升的自信。

3.1 国际市场产品销售渠道计划制订训练

借着欧洲各国“自行车友好”这股风潮，中国品牌的自行车以其过硬的质量、多样化的产品和畅通的销售渠道，走进了越来越多欧洲人的日常生活。以销售渠道为例，在新冠疫情防控期间，线上消费需求骤增，早已入驻跨境电商平台的中国自行车品牌占得先机。一家中国跨境电商平台的数据显示，2020 年 5 月，西班牙市场的自行车销售额同比增长超 22 倍，意大利、英国市场也增长了约 4 倍。一些中国自行车品牌还通过中欧班列，开拓了面向欧洲的销售渠道（来源：人民日报，2021）。国际市场为企业提供了施展身手的大平台，也是企业提升自我的良好契机，企业必须把力气切实花在做好产品、做大品牌、创新技术、开拓市场等核心环节，做好自身的能力建设。

国际分销系统就是生产商将产品或服务通过各种途径转移到购买者手中的所有过

程。制造商、中间商和最终消费者是国际分销系统的三个基本因素。企业采用不同的分销方式和策略将产品和服务送入消费者手中，产品和服务的转移过程就会有所不同，便会形成不同类型和特征、不同效率和营销效果的国际分销结构。

3.1.1 训练目的

（1）要求学生熟悉国际市场分销渠道系统的含义，对团队所选择的企业和产品能够根据确定的国际市场经营目标进行国际市场分销渠道的目标设定，确定国际市场分销渠道设计的原则。

（2）要求学生掌握国际市场分销渠道方案的制订方法，根据企业条件、产品组合与国际市场环境状况初步制订出国际市场分销渠道方案，对国际市场分销渠道方案进行初步评估和择优选择。

3.1.2 训练的内容与方法

要建立一个有效的国际市场分销渠道系统，必须在确定国际市场分销渠道设计原则的前提下，确立国际市场分销渠道目标、制订分销渠道方案、评估和择优选择国际市场分销渠道方案。

3.1.2.1 国际分销渠道方案制订训练

在进行国际分销渠道方案的制订和筛选之前，首先要明确国际分销渠道设计的步骤，见图3-1。

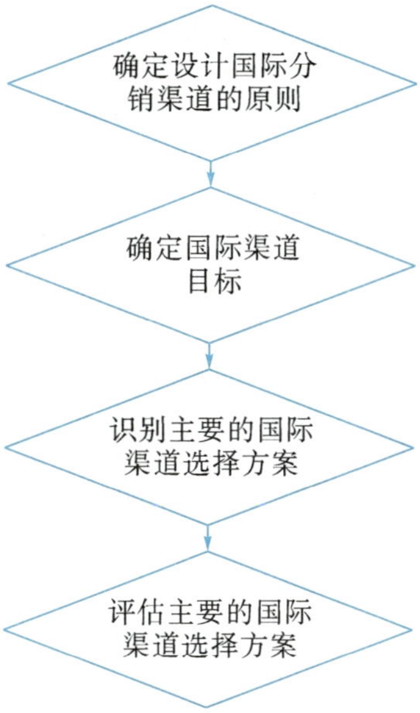

图3-1 国际分销渠道设计步骤

①确定设计国际分销渠道的原则。

设计国际分销渠道的原则有：a. 重视市场导向，满足顾客需求；b. 系统和合理确定国际分销渠道中各环节之间的利益关系，达到跨国分销运作的协调统一；c. 降低国际分销成本、提高国际分销效率；d. 协调整体营销系统中各营销环节、确保企业整体优势；e. 综合考虑各种因素限制、权衡利弊。

②确定营销渠道目标。

国际分销渠道的总目标要结合企业的国际化经营总体目标来确定，处于不同国际化经营阶段的企业对其国际分销渠道的目标要求又具有其阶段性的特征。而设计国际分销渠道一般需要达到市场覆盖率、渠道控制度和渠道灵活性三个方面的目标。

市场覆盖率是由市场性质与企业的市场定位所决定的。市场覆盖率按照从低密度到高密度的覆盖可以有独家分销、选择分销和密集分销三种选择。

渠道控制度是指企业需要保持对渠道中间商销售行为进行控制的程度高低或大小。企业为实现其经营目标需要经常控制渠道中间商以促使其更加努力地销售产品或提高服务质量，但渠道中间商则更多地希望控制生产商以保证稳定的供货、产品质量的改善以及供货价格的降低等。国际化的生产商与渠道中间商之间为了各自的经营目标所产生的这种“博弈”，促使生产商需要对渠道中间商采取一定的控制措施以降低其经营风险。

在大多数情况下，生产商往往同时追求最大的市场覆盖率和最大的渠道控制度，而市场覆盖率和渠道控制度却是一种反比关系，因此企业只能在一定的市场覆盖率下去追求最大的渠道控制度或在一定的渠道控制度下去追求最大的市场覆盖率。

渠道灵活性即渠道的可伸缩性，是企业国际分销渠道结构进行变化和调整的难易程度。

在确定分销渠道目标的同时，还要根据企业自身情况综合考虑渠道开发和使用的成本。

③设计备选渠道方案。

在确定了分销渠道目标之后，就可以展开备选渠道方案的设计。进行备选渠道方案的设计，首先要分析影响确定国际分销渠道的因素，各主要影响因素如表 3-1 所示。

表 3-1　影响确定国际分销渠道的因素

主要因素	具体因素	具体影响
市场因素	用户数量	潜在用户数量多采用分销形式的长、宽渠道；少则采用短、窄渠道
	用户密度	潜在用户密度较高采用短、窄渠道；较低则宜采用长、宽渠道
	用户层次	潜在用户层次较高采用短、窄渠道；层次较低则选择长、宽渠道
	地理分散度	市场在地理位置上较为分散宜选择长、宽渠道；地理位置集中则选择短、窄渠道
	销售时间	销售时间较短选择长、宽渠道；销售时间较长选择短、窄渠道
	用户平均订货量	用户平均订货量较小选择长、宽的渠道使成本更低；订货量大则选择短、窄的渠道使效率更高
产品因素	产品体积	体积大的产品适宜采用短、窄渠道；体积小的产品宜用长、宽渠道
	重量	笨重的产品适宜采用短、窄渠道；轻便的产品宜用长、宽渠道
	保存性	不易保存的产品适宜采用短、窄渠道；易于保存的产品宜用长、宽渠道
	单位价值	单位价值高的产品适宜采用短、窄渠道；低则宜用长、宽渠道
	产品标准化程度	产品的标准化程度低的产品适宜采用短、窄渠道；相反宜用长、宽渠道
	技术特性	技术含量较高的产品适宜采用短、窄渠道；相反宜用长、宽渠道
	产品毛利	毛利相对较低的产品适宜采用短、窄渠道；相反宜用长、宽渠道
企业因素	规模大小	企业的规模较大适宜采用短、窄渠道；较小则宜用长、宽渠道
	财务实力	企业财务实力强大适宜采用短、窄渠道；缺乏财务实力宜用长、宽渠道
	管理能力	企业管理经验丰富适宜采用短、窄渠道；不足则宜用长、宽渠道
	对渠道的控制期望	企业对渠道控制的期望较高适宜采用短、窄渠道；较低则宜用长、宽渠道
	对用户的了解程度	企业对市场、对用户有的深入了解适宜采用短、窄渠道；缺乏了解则宜用长、宽渠道
渠道中间商因素	存在性	渠道中间商不易寻找适宜采用短、窄渠道；相反宜用长、宽渠道
	素质	中间商素质低下适宜采用短、窄渠道；相反宜用长、宽渠道
	服务质量	中间商缺乏服务意识、服务质量差适宜采用短、窄渠道；相反宜用长、宽渠道
	使用成本	中间商使用成本高适宜采用短、窄渠道；成本低则宜用长、宽渠道

制订一个完整的分销渠道方案要包括三个方面的要素：中间商类型、中间商的层次多少与数目、渠道成员的条件与责任。其中，国际中间商的类型如图 3-2 所示；中间商的层次与数目需要综合考虑表 3-1 中的各因素确定；渠道成员的条件与责任主要包括表 3-2 的内容；渠道方案的设计步骤如图 3-3 所示。

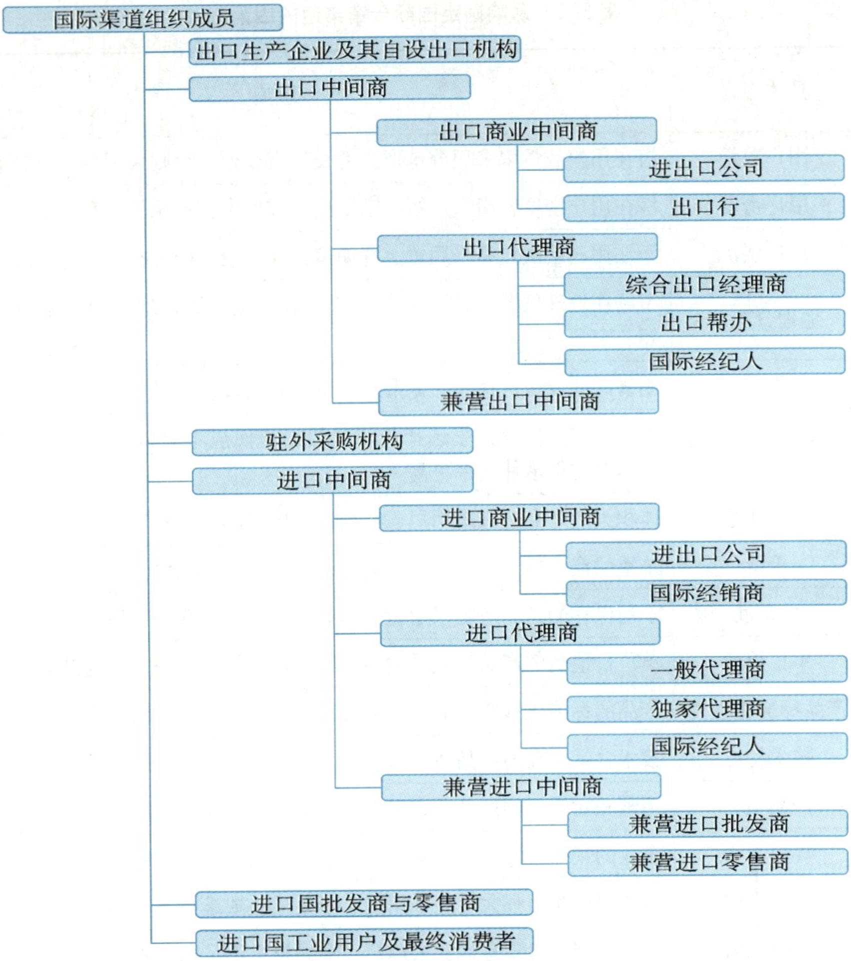

图 3-2　国际中间商的类型

表 3-2　渠道成员的条件与责任

渠道成员的条件与责任	
价格政策	企业制定价格表、折扣细目表
销售条件	付款条件、折扣条件、生产商的质量保证、价格保证
分销商的地区划分权	分销商的地区划分权、分销特许权、销售业绩认可
相互的服务与责任	企业为分销商提供服务、支持；分销商为企业提供信息、商业情报

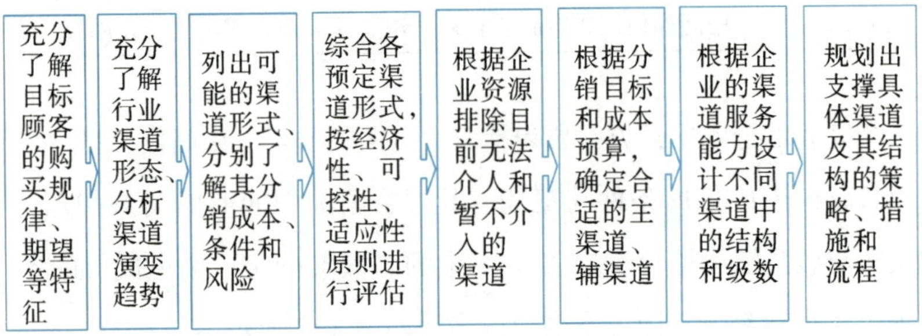

图 3-3　渠道方案的设计步骤

具体选择国际中间商时，可以通过外国政府机构、领事馆、常驻国外的商务团体、中间人团体、顾客、杂志等，也可通过广告、参加国际商业展览会、咨询公司、代理商机构等寻找和选择符合国际分销渠道要求的中间商。在选择国际中间商的过程中要评价和判断国际中间商的财力和绩效、市场覆盖率、经营范围与业务状况、服务设施与服务条件、信誉、合作意愿和态度等。

3.1.2.2 评估并选择渠道方案

评估渠道方案要依据经济性（盈利性）、控制性、适应性三个标准，具体内容如表 3-3 所示。

表 3-3 评估渠道方案三个标准内容

依据	内容
经济性	渠道的销售额、利润额、使用成本、市场占有率、财务指标、费用与销售额比率
控制性	渠道成员对现有价格体系的维护、库存状况、促销效果、渠道中业务员素质
适应性	渠道结构能否适应不断变化的环境和企业自身状况

①权重因素记分法。由美国著名营销学家菲利浦·科特勒提出，是一种较为精确的选择渠道结构的直接定性判断法。其步骤如图 3-4，具体计算如表 3-4 所示。

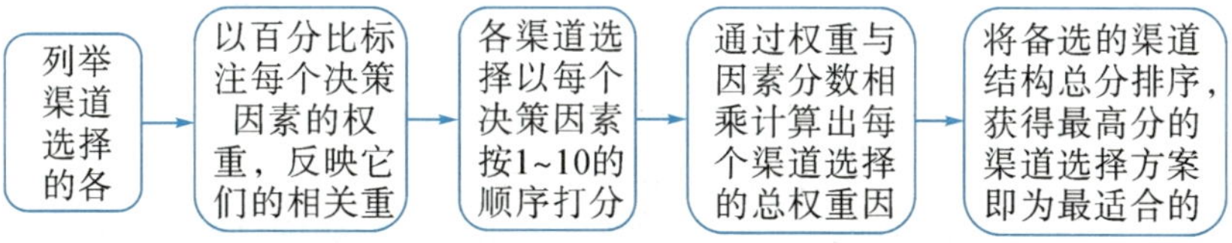

图 3-4 权重因素记分法步骤

表 3-4 权重因素记分法计算分析

方案	渠道选择的决策因素	决策因素的权重	决策因素影响程度(1-10)	总分
Ⅰ	A_1	P_{A1}	X_1	$\sum P_{An}X_n$
	A_2	P_{A2}	X_2	
	……	……	……	
	A_n	P_{An}	X_n	
Ⅱ	B_1	P_{B1}	Y_1	$\sum P_{Bn}Y_n$
	B_2	P_{B2}	Y_2	
	……	……	……	
	B_n	P_{Bn}	Y_n	
……	……	……	……	……

②分销成本法。通过估算各国际分销渠道方案的成本及收益，并通过这些数字对比找出成本低、收益大的渠道方案作为最适合的选择。

3.1.3 训练的组织与要求

（1）训练组织。

根据国际市场环境和团队所选择的产品组合，经过团队分工合作和集体讨论得出结论，写出团队的国际分销渠道方案和选择报告。

（2）训练要求。

以团队为单位进行国际市场环境分析，针对团队所选择的产品组合、国际目标市场竞争状况和渠道利用情况等资料，寻找和筛选国际分销渠道成员，针对企业、产品、顾客特征、国际目标市场渠道特征，进行初步的国际分销渠道方案确定，并按三个标准进行选择，确定适宜企业当前产品组合和顾客需求、有利于企业发挥竞争优势、有利于企业进一步发展的渠道方案。根据分析的结论，提交团队的渠道方案和选择报告。

3.2 客户分类、中间商选择与管理训练

客户是企业最珍贵的资源，一个企业要建立成功的利润创造系统，必须做到能够长期吸引重复购买的大批客户。不少中国电子产品品牌在进行营销时十分注重与消费者的互动。小米法国官网“Mi 社区”人气满满，无论是产品介绍、机型对比，还是摄影比赛、线上讨论等活动，都能吸引不少法国“米粉”的积极参与。小米社区网站让用户可以及时了解品牌的最新动态、交流使用心得，还能解决一些技术问题，十分方便（来源：人民日报，2021）。不同类型的客户具有不同的需求特征和购买偏好，企业在跨国生产经营的各个环节考虑“入乡随俗”问题，对当地国家的宗教、文化、情感需求等充分了解，本着互利共赢、“授人以渔”的心态和原则与相关国家开展合作，避免“水土不服”。因此，对客户进行分类管理以及选择恰当的中间商是企业保持产品销量和盈利能力的关键之一。

3.2.1 训练目的

（1）要求学生学会建立客户资料管理系统，根据客户特征和企业需要对客户进行分类。

（2）要求学生学会运用客户资料了解客户生产经营、使用产品的具体情况和需求变化情况，制订相应的销售计划和营销策略。

（3）要求学生学会通过客户资料的建立和客户分类，分析客户的需求特征与变化，了解客户对产品的使用状况，提高客户对企业和产品的满意程度。

3.2.2 训练内容

3.2.2.1 客户基础资料档案库的建立训练

教师预先将客户的资料按照基础资料、文化背景、客户特征、业务状况、交易现状4种标准进行分类，各团队将分类的客户具体信息列举出来，利用计算机设计客户基础资料档案管理系统。客户信息如表3-5所示。

表3-5 客户信息

标准	客户信息
基础资料	客户的名称、地址、年龄、电话、所有者、经营者、管理者、法人代表及他们个人的性格、兴趣、爱好、家庭、学历、能力、创业时间、与本公司交易时间、企业组织形式、业种、注册资金等
文化背景	客户的个人文化背景、国际化的人员结构状况、客户所在市场的基本文化特征对分销渠道的影响、国际中间商所覆盖的各个市场的文化特征与差异状况等
客户特征	服务区域、销售能力、发展潜力、经营观念、经营方向、经营政策、企业规模、经营特点等
业务状况	销售业绩、经营管理者和营销人员的素质、与其竞争者的关系、与本公司的业务关系及合作态度等
交易现状	客户的销售活动现状、存在的问题、保持的优势、未来的对策、企业形象、声誉、信用状况、交易条件以及出现的信用问题等

该系统开发后应可以合理地处理客户的基础资料，能够顺利地查找、调用等。

3.2.2.2 客户资料档案库建立训练

各团队根据所选择的具体企业和产品将客户资料输入开发的客户资料信息系统，建立客户资料档案库。具体进行客户销售资料的整理方法如表3-6所示。

表 3-6　客户销售资料整理方法

客户资料	整理方法内容
按照销售量的大小排序	便于随时关注主要客户的变动情况，分析客户的需求特征； 可以将客户设定为数个级别，如一级客户是占销售量的 80%客户；二级客户是占 15%的客户；三级客户是占 5%的客户等
按销售的地区排列	对于销售量大、产品销售区域覆盖面广的企业是比较实用的做法
按产品和服务行业排列	适用于生产中间产品或基础原料、能源产品的企业
按产品种类排列	适用于产品种类繁多的企业
按客户资信等级排列	按客户资信等级建立客户档案，有利于保证销售收益、降低销售风险
按文化特征排列	按客户的文化特征、产品的文化特征（如果有）、渠道的文化特征进行分类，有利于提高国际分销渠道的运转效率和控制效率

该系统开发后应可以合理地处理客户的销售资料，以利于客户销售资料的顺利查找和调用。

3.2.2.3　客户资料卡的制作利用训练

各团队在收集了客户资料后开始制作客户资料卡，在制作客户资料卡时，采用硬质的纸张作为卡片，将其一角贴上不同颜色的不干胶标签纸，在标签纸上写明客户的编号，可根据地区分类、企业规模分类、营业规模分类、信用额度分类和宗教信仰等文化特征分类。

各团队内部和相互之间评价各客户资料卡的耐用性和实用性。列举客户资料卡制成之后的用途、方法和技巧。如用于：寄发广告信函、制订收付款计划、制订时间计划、对信用度分类、决定佣金折扣、区别现有客户与潜在客户等。

3.2.2.4　客户关系管理能力训练

各团队针对已经分类的客户群体，分析和确定其实现客户满意的关键点，提出维持、改善和提高客户关系满意度、客户忠诚度的实施方案。

3.2.3　训练组织与要求

3.2.3.1　训练组织

根据团队所选择的产品和目标顾客，经过团队分工合作，制作团队的客户信息资料表，写出客户分类、分析和客户关系管理报告。

3.2.3.2　训练要求

学生以团队为单位提交客户资料系统，客户分类依据、分类结果和客户分析要点，提交客户资料卡和客户关系管理报告。报告内容包括：客户分类依据和客户分类表，各类客户需求特征和变化情况，客户满意的关键点和保持良好客户关系的方法等。训练考核以团队提交的资料和报告为主，必要时可组织各团队进行客户关系管理方法技巧的交流和资料展示。

3.3 大客户的开发、维护与管理训练

3.3.1 训练目的

（1）要求学生懂得80∶20的帕累托效应原理，认识其重要性，具备了解和尊重大客户的基本意识和方法。

（2）要求学生学会开发大客户，学习采用不同方法吸引更多的大客户，培养学生对大客户的关系维护和管理能力。

3.3.2 训练的内容与方法

3.3.2.1 大客户的确定训练

①各团队先通过各种途径和方法查找80∶20的帕累托效应原理，在课堂上集中交流自己对原理的理解和运用的领域。

②各团队将自己所选择的全部客户填入大客户分析表，通过整理和对比，按照销售产品数量由大到小排列，寻找出大客户，具体如表3-7所示。

表3-7 大客户分析表

名称	地区或市场覆盖面	经营性质	使用或销售产品数量	未来购买潜力

3.3.2.2 大客户的维护训练

在实施大客户维护之前，需要对大客户进行判断和分类，明确各大客户的关系发展类型，确定各大客户对企业的重要程度，有针对地进行客户关系维护。大客户的关

系发展类型判断如表 3-8 所示。

表 3-8　大客户的关系发展类型判断

大客户的关系发展类型	与客户的关系特征	双方涉及面
普通大客户	普通交易关系	大客户服务部门与大客户采购部门
伙伴式大客户	财务、物流、销售等多方面合作	双方财务、物流、销售等部门
战略性大客户	全面战略性合作	双方采购、研发、财务、营销等各部门各层次人员

与大客户沟通的方式。

与大客户进行交流和沟通，要根据大客户的具体类型和特征，选择有效的交流沟通方式，按照大客户沟通计划，按步骤、按时间、采用各种预定方式进行。与大客户进行有效沟通的具体方式如表 3-9 所示。

表 3-9　与大客户有效沟通的具体方式

方式	特点	要点
电话	服务热线电话可以保持企业和大客户的及时联系，任何大客户都可及时得到与企业产品有关的各种信息和答复，属于双向交流	掌握打电话的口气和态度等技巧十分重要，应选择对大客户免费、企业自己付费的方式
信函	信函传递的信息完整、准确、保存时间长，适宜传递内容复杂、重要的信息	注意信函的传递时间、有效期
演示	企业参加国际展会、参加或组织正式的信息发布会，邀请大客户参加，进行面对面交流，以单向交流为主	注意演示的准备工作及演示的技巧
会谈	会谈是一种面对面的、更有效的双向沟通手段，由于客户参与，反馈信息丰富	注意会前的准备、会谈引导和后续措施
参与大客户的购买决策	为大客户设计配套产品服务，提出再购买建议和计划安排，提供分析产品购买和使用效益方面的帮助，简化业务流程方便客户购买，不断发展新服务项目	成为客户服务的专家、提供专业服务，不断改进服务和提供新的服务
建立大客户组织	以某种方式将大客户组织到一起，提供更有针对性的服务，使大客户感到企业对他们的关心和重视，加深大客户的情感信任，密切双方关系	形式包括正式和非正式的俱乐部、大客户协会、大客户联谊会等，大客户可以得到更多的优惠或服务

3.3.2.3　大客户的管理训练

大客户管理的范围很广，其根本目的是为大客户提供持续的个性化的产品和服务，满足特定的需求，建立长期稳定的合作关系。

①大客户信息管理。

大客户信息管理包括了关于大客户的基本信息、重要信息、核心信息和过程管理信息，具体内容如表 3-10 所示。

表 3-10　大客户信息内容

大客户信息	信息内容
基本信息	大客户的电话、地址、传真、邮箱
	采购员、采购经理、采购总监、财务总监、销售经理、配送经理、总经理和董事长等各层次人员的权限、联系方式、性格、爱好等
重要信息	大客户的组织结构、企业发展史、经营目标、发展方向、产品定位、销售状况
	大客户的竞争对手状况、供应商状况、资源状况
	大客户的客户情况、大客户的竞争对手的客户情况、大客户的竞争对手的供应商情况
核心信息	大客户购买企业产品和服务的数量、频度
	企业和竞争对手对大客户提供产品和服务的比较
	企业对大客户的营销计划与策略
过程管理信息	所有与大客户谈判的记录、谈判参与人的身份、企业预定的谈判原则
	企业制定的下一步谈判策略
	大客户的订购记录、库存增减情况记录

在客户基本信息资料库和客户档案库的基础上，为大客户建立相应的信息资料库，对大客户的信息变动进行及时补充和修正。根据信息资料对大客户进行有针对的营销手段和措施，确保大客户的持续稳定和不断增长的需求。

②大客户服务策略。

针对不同行业领域、不同产品和服务，想方设法为大客户创造特殊价值和服务，具体内容如表 3-11 所示。

表 3-11　为大客户创造价值、服务内容

服务项目	服务内容
降低综合采购成本	劳动成本
	设备损耗、保养费用
	库存和能源开支
增加收益	提高销售量、增加产量
	提高利润率

表3-11(续)

服务项目	服务内容
避免浪费	减少人员使用、提高劳动生产率
	减少对新设备的需求和维修次数与时间
提高工作效益	简化采购过程、优化采购组织
解决方案	为大客户真正解决实际问题
无形价值	提高大客户的声誉和塑造其良好形象
	加快决策过程

各团队根据已经确定的大客户特征和企业产品特征，确定大客户服务的策略，写出实施大客户服务策略的具体措施和方法。

3.3.3 训练的组织形式与要求

（1）用前一阶段的训练结果作为本阶段的训练内容，训练的考核以团队为单位进行。

（2）本节的训练要求学生以团队为单位进行，并按团队训练的讨论结果提交大客户管理报告，具体内容包括：大客户及其类型的确定、大客户关系维护和大客户管理的具体方法和措施。

4 国际促销组合计划与实施能力训练

在经济全球化时代，具备世界一流水平的跨国企业已经成为配置全球资源、引领全球经济发展和技术创新的重要力量，是国家综合实力和竞争力的重要体现。党的十八大以来，我国各类企业平稳健康发展，规模实力跃上新台阶。我国世界500强企业数量连续位居全球首位，一些行业领军企业和“专精特新”企业已具备了较强的国际竞争力，有基础也有能力迈向世界一流。但当前世界百年未有之大变局正在加速演进，人类社会面临前所未有的挑战，企业不仅要开发出符合各国用户需求的产品、制定恰当的产品价格，在适当的地点和适当的时间提供用户所需要的产品，还要利用和创造各种机会、采取适当的促销组合吸引顾客购买产品。本章主要介绍国际促销组合的计划制订和实施手段的训练等内容。

4.1 商品参与国际会展和宣传活动计划与实施训练

商业展览是利用展览会、博览会、展销会、看样订货会、展评会、物资交流会、供货会、商品洽谈会及其他交易会形式，使多家企业集中在一起，向参观者展示自己的商品，边展边销、以展促销，是把商品宣传、销售、市场调研、公关活动有机地结合在一起的一种促销方式。在国际商务活动中，生产商、中间商、使用者之间的巨大空间距离和文化差异，导致进行点对点的国际商务交流时，沟通难度大、成本高、结果的不确定性大，企业不会轻易跨洋越海单独去与交易对手进行面对面交流。2018年至今，中国国际进口博览会让展品变商品、让展商变投资商，联通中国和世界，成为国际采购、投资促进、人文交流、开放合作的四大平台，成为全球共享的国际公共产品（来源：中央广播电视总台，2021）。

人类社会要持续进步，各国就应该坚持要开放不要封闭，要合作不要对抗，要共赢不要独占。在经济全球化深入发展的今天，弱肉强食、赢者通吃是一条越走越窄的死胡同，包容普惠、互利共赢才是越走越宽的人间正道。近年来，参加国际性的商业展览越来越受到企业的重视，这是代理商接触进口产品最直接的途径，当然也是参展厂商寻求代理商、并与潜在客户商谈的最佳时机。

4.1.1 训练目的

（1）要求学生充分了解国际会展对企业开拓国际市场和促销产品的独特效果。

（2）要求学生初步掌握企业参加国际会展活动的计划制定、实施措施的方法与实行等。

4.1.2 训练的内容与方法

4.1.2.1 国际会展选择训练

国外的展览会虽然在展览会的名称上都叫作博览会或展览会，但实际上有较大的区别。展览主题不同，展出者的构成不同，与会者、参观者构成不同，由此所构成的目标市场就会不同；会展所在国的市场情况不同，也会产生不同的参展效果。这就需要企业参展前一定要对所在国主办方所提供的会展统计资料做充分的分析，从中选择最能实现自己展出目标的展览会，具体分析要点见表 4-1 所示。

表 4-1 会展统计资料分析

目的	会展性质
为产品寻求经销商或代理商	参加相应的专业性展览会
在某国推出本省、本市产品形象	参加博览会并搭建大面积并特别装修的展位
试销新产品	在展览会上租用少量摊位，带上交易员和产品专家进行面对面的接洽

在展会开始前 18 至 24 个月企业就要开始做计划和调查，先准备回答如下问题的资料，在准备的过程中寻求准确的信息：

①该次展览能满足企业的市场拓展需要吗？

②展会日期是否合适？

③同期有别的展会举办吗？

④展会地点是否便利？

⑤有多少与会者是来自自己确定的目标市场？

⑥有多少与会者是来自企业的主要销售和服务地区？

⑦组展机构怎样推广展会？

⑧上届展览的业绩如何？

⑨哪些竞争对手将会参展？

⑩展会组织提供以往参展商的联系方式吗？

⑪企业中有人曾参加过这个展会吗？

⑫我们可为此展会投资多少？

⑬展会组织对参展商的推广提供什么样的协助？

⑭组展机构可以提供参观买家专业性的保证吗？

⑮企业希望通过参展得到多少回报？

⑯企业参展的目的是什么？

⑰该展会能为企业的现行国际市场策略服务吗？企业的需要是什么？企业需要的内容如图 4-1 所示。

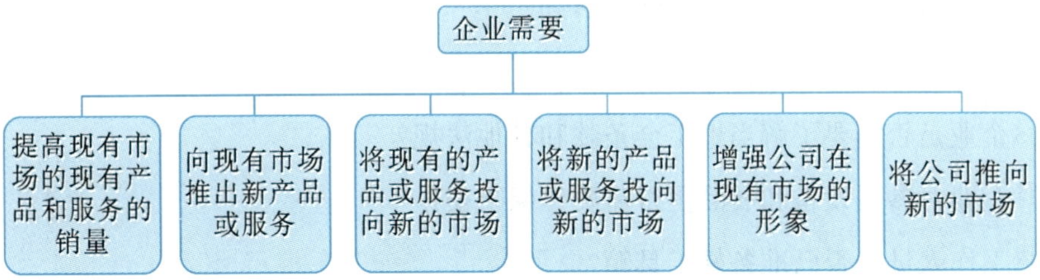

图 4-1　企业需要的内容

⑱企业打算展出什么产品？

⑲在这次展会上谁将会是企业的目标观众？

各团队根据对上述问题回答的资料进行参展初步决策。在决策过程中要注意避免参展目的不明确，明确参展最终目的有助于其他工作的完成。一般来说，展会目的应为推销公司产品并助其走向市场。不同的参展目的应该采用不同的参展形式，企业要把选择展览会当作寻求产品目标市场一样慎重进行。出国参展更要通过认真地了解分析，尽可能多地了解展览会的背景资料和统计资料，结合自己的参展目的为海外参展做出正确的抉择。

4.1.2.2 制订国际会展的计划方案

在参加国际展览会前 9 至 12 个月开始制订参展计划。制订参展计划前先回答下列问题，在准备的过程中寻求准确的信息：

①企业有书面的参展计划吗?

②企业的参展预算确定了吗?

③企业的展位确定了吗?

④定金和必要的保证金企业支付了吗?

⑤企业对展位设计有什么样的设想和计划?

⑥企业能使用现有的展示品吗?

⑦企业需要新的展示品吗?

⑧企业需要新的宣传画吗?

⑨企业需要预订什么样的展览服务?（楣板、电气、地毯、视听器材、给排水、展位清洁服务、植物摆设、电话、电脑、打印机、垃圾篓、家具等设备用品是否需要，是否配置完备，需要如何配置?）

⑩安全方面的服务是否必要?

⑪企业是否安排好展位的安装与拆卸?

⑫企业怎样安排货运?

⑬企业是否需要了解当地工会条款和其他法规?

⑭企业对参展设备和展品是否需要作保险安排?

⑮工作人员是否已准备好工具箱?

⑯酒店服务预订好了吗?

⑰展位付款的最后期限是什么时候?

⑱企业需要提供展位信用卡交易方式吗?

⑲展览需要营业执照吗?

⑳指引卡片已设计并打印好了吗?

各团队针对回答上述问题的信息，参照专业网站资料和图书馆资料制订出书面参展计划和相关参展资料。

展位规格的大小要依据企业的参展目标、产品特征以及资金投入等方面确定。展位地点的选择最好是：开幕式主席台对面及两侧、入口处的正门口或正门口的两侧、出口处的后门口或后门口两侧、主要人行干道的两首或“十”字干道的中心四角处及其邻近处、知名大企业及有影响的团体或组委会附近，要考虑人群流动的方式，了解人潮在整个展览会场移动的方向。通常人潮流量最高的地方是靠近入口及出口处、洗手间、休息室及饮食区，而展厅圆柱及上货区则会阻碍人潮流动。如果展位设在了竞争对手隔壁时，要将展位进行有效利用，将参展产品放置于有利于自己的地方。如果在展览期间要使用悬挂牌示、高架结构或罩盖等需架高物品，则须选择有足够高度的地点，避免其影响可见度。可以通过与合作伙伴、联盟伙伴等组团参加展览，展出互补产品、壮大声势、扩大影响，同时还可在展览会场上开设专馆，展示品牌。

4.1.2.3　制订推广计划

推广计划需要提前 6 至 8 个月制订。在计划制订前先准备如下问题，在准备的过程中寻求准确的信息：

①展前推广如何进行？展前推广方式如图 4-2 所示。

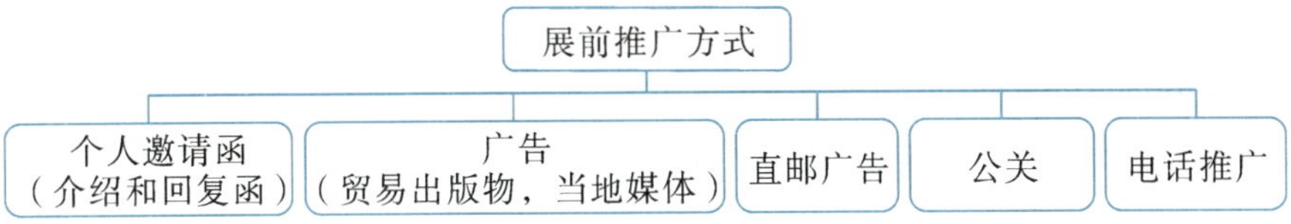

图 4-2　展前推广方式

②企业的展位号是否包含在展前的推广材料中？

③企业需要印制额外的传单、目录和价目表吗？

④有关产品和服务的印刷品准备好了吗？

⑤企业对其他的公关活动做好了计划吗？

⑥企业的展览指引条款已完成并寄出了吗？

⑦怎样的赠品能取得更好的效果？

⑧企业要组织什么样的现场推广活动？具体方式如图 4-3 所示。

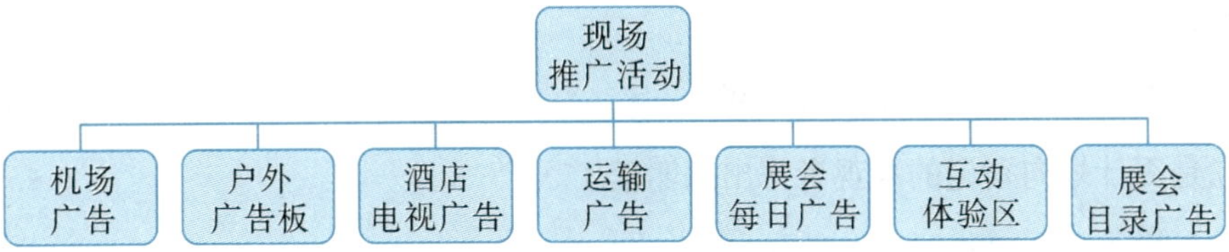

图 4-3　现场推广活动方式

⑨企业打算在展览现场组织一次观众竞赛吗？

⑩企业的竞赛和赠品符合当地的法规吗？

⑪企业需要预订多少门票？

⑫欢迎仪式筹备好了吗？

各团队根据前两个训练项目的结果和上述问题回答的资料，制订详细参展推广计划，确定需要携带和发放的公司手册、企业与产品的图片、目录和价目表、录像带、模型、产品展示名片（明确列出电话号码、网址、传真、邮寄住址等信息）等各种宣传资料的内容、形式、设计和数量。

4.1.2.4 参展前的人员准备和技术准备

在参加国际展览会前4至6个月开始确定参展人员。在人员和技术准备的过程中针对下列问题寻求准确的信息：

①展位上需要多少工作人员？

②谁是代表企业的最佳人选？

③展位经理指定了吗？

④参展人员的培训准备好了吗？

⑤定好展前会议的时间了吗？

⑥参展人员熟悉展出的商品和服务吗？

⑦是否准备好一个演示会？

⑧是否有一个准备回答问题的技术代表？

⑨是否确定了产品的代码？

⑩是否为参展人员预订了足够的证件？

⑪参展人员是否有足够的名片？

⑫展位时间表是否制定好？

⑬谁负责监督展位的安装和拆卸？

⑭负责展位安装和拆卸的负责人是否清楚展会的出入程序？是否在展会前已经为展会后的事情作好准备？

⑮是否为参观者提供引路服务？

⑯是否确定了每天的总结会时间？

⑰是否计划向登记的参观者寄出感谢信？

⑱怎样进行展览指引？

⑲怎样监管展会上的销售？

⑳展览费用是否在预算之内？

为了保证良好的展出效率和效果，在配备展台人员之后需要利用系统的培训材料对其进行培训，使之了解展出目的、掌握展台工作技巧、培养合作及集体精神。培训内容和步骤可以分为三部分，具体如表4-2所示。

表 4-2　培训内容及步骤

	内容		
步骤一	情况介绍：使展台人员熟悉展出背景、环境和条件	人员介绍	相互介绍
		筹备情况	参展计划制订、资料准备等
		展出情况	展览会情况包括名称、地点、展出日期、开馆时间、场地平面、展馆位置、出入口、办公室、餐厅、厕所位置等
			展台情况包括展出意图、展出目的、目标观众、展台位置、展台序号、展台布局、展出工作的整体安排等
			展出活动介绍，包括记者招待会、开幕仪式、馆日活动、贵宾接待活动等，并对展台人员提出相应的工作要求
			展品介绍，要详细介绍每一项展品，其性能、数据、用法、用途等
			市场介绍，包括销售规模、销售渠道、规章制度、特点习惯和销售价格等
步骤二	工作安排：向展台人员布置展台工作，提出要求和标准	布置展台工作	布置展台工作包括观众接待、贸易洽谈、资料散发、公关工作、新闻工作以及后续工作等，进行分工，提出要求
		管理安排	管理安排包括工作时间、轮班安排、每日展台会议、记录管理等
		行政安排	行政安排包括展台人员的宿、膳、行、日程等
		展台工作准备	展台工作的目的是销售产品，展台工作准备包括市场调研、准备货源、准备产品资料、准备贸易条款等
步骤三	技术训练	展台接待	培养展台人员认真的工作态度、协作精神和协调能力
		推销技巧	准备完善、系统的培训资料，采用展台模拟方式进行训练

各团队根据前面各项训练的结果，通过模拟人员训练和产品演示，体验参展准备工作的步骤、内容及方法。

4.1.2.5　参展审批申报手续

查询我国关于参加国外举办的国际展览会、国际博览会的相关管理办法，向国家规定的管理机构申报参加国际展览会，获得审批后开始着手准备。具体申报情况如表 4-3 所示。

表 4-3　申报情况内容

	审批部门	申报情况
1	经贸部归口审批	各地区、各部门赴北美、西欧、澳大利亚、日本、泰国、新加坡、古巴、东欧等国家举办展览会包括展销会、洽谈会，或参加在上述国家举办的国际博览会
2	各审批单位商外交部办理，并抄告经贸部	赴未建交国家举办展览会，或参加国际博览会

表4-3(续)

	审批部门	申报情况
3	各省、自治区、直辖市人民政府的对外经贸部门自行审批	以省、自治区、直辖市及计划单列市名义在国外（不含第一二所列国家、地区）举办展览会或参加国际博览会
4	国际国际贸易促进委员会（以下简称“贸促会”）自行审批	以国家名义在国外举办展览会或参加国际博览会
5	贸促会组织商经贸部、外交部报国务院审批	贸促系统在国外（不含第1、2所列国家、地区）举办1 000平方米以下的展览会或参加国际博览会
6	各总公司总经理审批	各外贸、工贸总公司在国外（不含第1、2所列国家、地区）举办展览会或参加国际博览会
7	经贸部审批	商会组织行业系统在国外举办展览会或参加国际博览会

在审批出展前，必须事先征得中华人民共和国驻有关国家使、领馆的同意，出国展团要接受驻外使、领馆的领导。每年6月底以前将下年度出展计划列表报经贸部审批，同时抄告有关驻外使、领馆。报表内容包括：出展时间、地点、规模、内容、人数等，凡按规定可自行批准的出展计划，按报表要求的内容列表抄告经贸部备案。对已批准的出展计划，国家有关规定要求严格按照批准的时间、地点、规模进行，不得随意更改，如有变动，需报原审批部门批准，并及时通报有关驻外使、领馆。

4.1.2.6 会展网络的应用

网上展览会是对实物展览会的虚拟化呈现，展览的组织、展出及展览活动的各个环节都以网络为依托实现，组展者、参展商和观众之间的交流透过计算机和互联网络进行。我国建立了中国网络商品交易会，一些地方也在建立各种专业或综合产品的展览网站，对展出单位提供网上展位出租、展示内容制作和网络广告营销服务，通过权威性强的当地和其他区域将传统展展示上网，吸引参会企业现场或远程进行网上查询、与展商互动，发展参会企业的数据增值业务及电子商务。现在，随着网络的普及和技术的发展，实物会展在大量应用网络技术寻求发展空间，网上会展作为实物会展的有益补充，是企业和产品在开拓国际市场方面的有效方法。

各团队根据前面几个训练项目的结果，结合行业特征、产品种类和特色等，试设计一个网上参展的初步计划。

4.1.3 训练的组织与要求

根据团队所选择的产品和国际目标市场，经过团队分工合作和集体讨论，写出团队的国际会展选择和参展计划与模拟实施报告。利用训练时间或学生专业实践活动时间组织各团队采用电子幻灯片展示其训练成果，进行讲解、讨论和交流。

以团队为单位进行国际会展情况分析，针对团队所选择的产品、国际目标市场状况和国际市场竞争状况等，结合企业和产品的参展目标，确定参加何时何地的何种国际会展，针对该会展的特色和目标观众，进行初步的国际会展参展方案确定，进行模拟参展活动，确定适宜的网上参展初步计划方案。根据训练结果，提交团队的国际会展参展和模拟参展活动报告。总评成绩以展示、讨论、交流情况占30%、活动报告占70%的方式来计算。

4.2 国际公共关系活动组织与实施训练

国际公共关系活动是企业在复杂多变的国际目标市场进行促销的重要策略之一，企业利用国际范围的各种传播媒介和手段与顾客、中间商、社区公众、政府机构及新闻媒体等各类公众进行有效的沟通，建立良好的企业和产品形象并营造一个有利于企业发展的国际营销环境。2021 年 5 月，中国国际商会与中国国际公共关系协会签署战略合作协议，利用各自在行业领域的平台、资源和渠道优势，帮助中国企业坚定自主品牌发展信心，打造品牌形象，顺应了走出去战略及经济全球化发展趋势和中国对外开放新要求。企业开展国际公共关系活动应充分注意当地和国际社会热点以及国际公众的心理动向，使企业的国际公共关系活动具有吸引力，使其受到广泛关注，从而有利于企业国际化经营目标的实现。

4.2.1 训练目的

（1）要求学生了解企业开展各种公共关系活动的必要性，体会不同的公共关系活动对于企业形象塑造所起的不同作用，了解企业召开记者招待会、新闻发布会的意义和特点。

（2）要求学生掌握策划、筹备、组织记者招待会或新闻发布会的程序和方法，学会在国际大环境下选择恰当时机、选用合适的公共关系活动来改善企业的国际营销环境，树立企业在国内外的良好形象。

（3）要求学生掌握系列公共关系活动的策划筹备、举行的方法，学会撰写针对企业和产品参加国际会展的国际公共关系活动策划方案。

4.2.2 训练内容

4.2.2.1 国际公共关系计划

复杂的国际环境和激烈的国际竞争，使企业在国际市场面临比国内更加困难的公共关系条件。企业一方面要充分利用国内环境条件创造国际公共关系机会，宣传企业产品形象；另一方面又要深入了解和分析目标市场国家的政治、文化、经济技术条件，开展公共关系活动，融洽与目标市场的公众关系；还要分析企业母国、目标市场国及其相关国家之间的政治外交关系对企业从事生产经营的影响，适时地开展国际公共关系活动，树立良好企业和产品形象。

各团队根据自己选择的企业、产品和目标市场，根据企业的日常生产经营活动安排，制订国内公共关系系列活动计划、目标市场公共关系系列活动计划和国际公共关系系列活动计划。

4.2.2.2 记者招待会、新闻发布会的组织能力训练

①新闻发布会的筹备程序如图 4-4 所示。

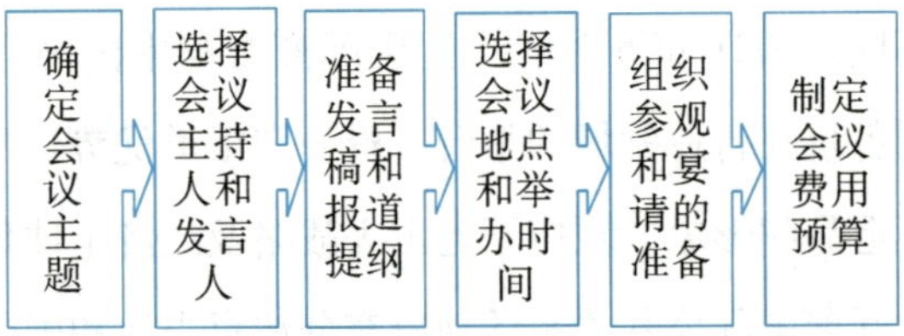

图 4-4 新闻发布会的筹备程序

②举行新闻发布会的程序如图 4-5 所示。

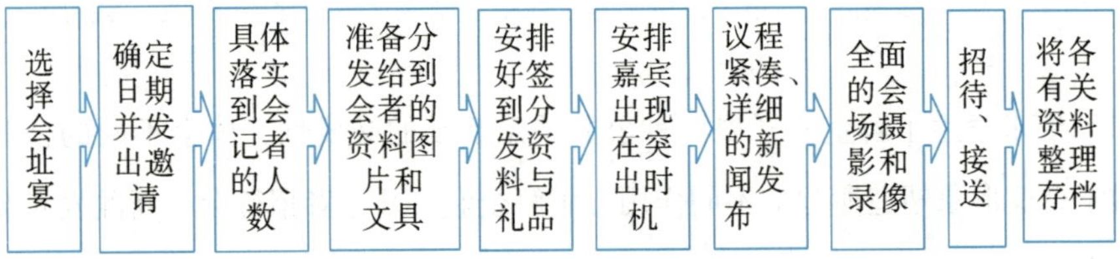

图 4-5 举行新闻发布会的程序

新闻发布会结束后，要对照签到簿了解记者发稿情况，对未发稿的新闻机构，可了解未发稿的原因，对因故而未能参加的新闻机构可提供有关背景资料、会议记录材料、图片和报道提纲等，以供他们选用。

各团队按程序写出针对企业产品和国际目标市场环境状况的新闻发布会计划书并

模拟实施过程。

4.2.2.3 其他公共关系活动的组织与实施训练

①庆典活动是企业借助周年纪念等时机宣传企业的崭新形象，明确今后的发展目标，以密切企业与公众的关系。庆典活动的组织要引起广大公众的兴趣，以激起广大新闻媒介公众的兴趣为出发点和追求目标，使庆典活动“新”“奇”“特”，才能吸引公众的关注，实现活动的目的。具体内容如表 4-4 所示。

表 4-4 庆典活动的内容

要点			内容
1	精心选择来宾对象，发出邀请	基本对象	政府要员、上级主管、知名人士、社区代表、同行同仁代表、新闻界人士、业务往来友好单位员工或代表等
		重要宾客	亲自上门邀请
2	接待	重要来宾	专门接待室、会议室，组织者亲自完成或邀请德高望重者一起
		基本对象	接待室、会议室，组织者安排专人分别接待
		程序活动	入场、签到、剪彩、留言等活动需要专人指示、领位、安全保卫
3	人员与技术	人员安排	接待、安全、宣传资料准备、后勤保障、机动人员等
		技术安排	摄影、录像、采访、录音、照明、音响、运输等
		设备安排	庆典设备、宣传设备、维修设备、车辆、饮食饮料提供设备等
4	庆典活动	开始	重要来宾的留影、题字
			主持人宣布活动开始，介绍重要来宾和其他来宾
		活动	领导或重要来宾致辞或讲话
			剪彩和参观
			交流、座谈、宴请、文艺节目等

各团队按程序写出针对企业产品和国际目标市场环境状况的庆典活动计划并模拟实施过程。

②开幕式（开业典礼）是企业向社会公开亮相的第一关，目的是扩大社会影响，迅速提高知名度，给公众留下美好的记忆。具体组织程序如图 4-6 所示。

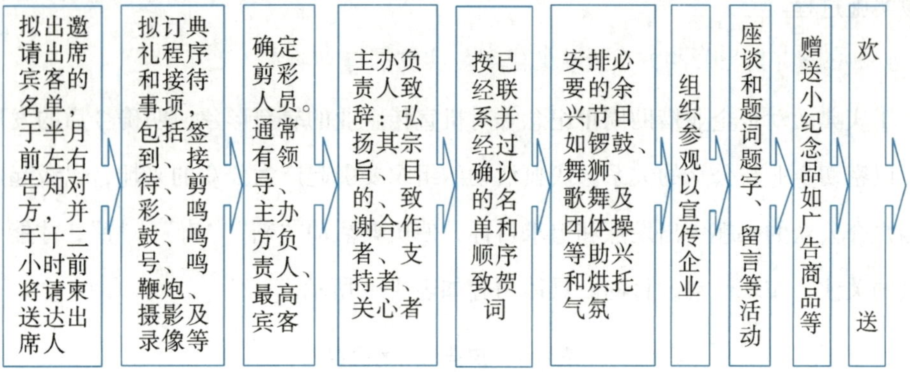

图 4-6　开幕式组织程序

各团队按程序写出针对企业产品和国际目标市场环境状况的开幕式计划并模拟实施过程。

③开放参观活动。

向社会公众开放、组织他们参观企业是增进企业与公众之间的联系和了解的手段之一，是经常性的公众关系活动。组织参观活动的具体内容如表 4-5 所示。

表 4-5　组织参观活动的具体内容

要点		内容	
1	确定主题	活动的目的、意欲达到的效果	强调企业的优良技术水平及条件
			展示企业的优良工作环境
			展示企业的成就及对社会的贡献
			展示企业的精神风貌
			展示企业的现代化管理水平及优势
2	选择开放时机	定期开放	常年举行、定期（如特殊日子）举行
		不定期开放	注意提前计划
3	安排参观线路	线路和各功能区域指示	用向导图及标志标明办公室、餐厅、休息室、医务室、卫生间等有关区域
		保密区域	做好安全保密措施和应急准备
4	宣传工作	宣传品	简易说明书、线路图、宣传册
		宣传手段	参观前播放电视碟片或视频短片介绍企业主要概况和参观的重点内容
			沿途各站点的解说和回答提问也要进行精心的设计和安排

表4-5(续)

要点		内容	
5	接待	接待内容	登记、讲解、向导、安全
		接待用品	休息、饮水及赠品选择
		接待人员	邀请的重要来宾由企业主要负责人亲自接待陪同
			一般参观人员由企业接待人员引导和讲解
6	后续工作	征询意见	举行代表座谈会，以征询意见及建议
			致函向参观者道谢、登报鸣谢
			总结

各团队按程序写出针对企业产品和国际目标市场环境状况的开放参观活动计划并模拟实施过程。

④赞助活动。

赞助活动通过企业出资赞助社会福利和慈善事业等活动，证实企业为社会所尽的义务和所承担的社会责任，赢得社会的普遍好感，树立企业的美好形象。举办赞助活动的步骤如表 4-6 所示。

表 4-6　举办赞助活动的步骤内容

步骤		内容
1	赞助筹划	结合企业公共关系政策和目标考察赞助对社会、公众、企业的有益性和其他影响
		赞助活动的影响力
		被赞助者的公共关系状况
		社会公众的意愿
		企业的经济状况、成本核算和效果分析
2	赞助计划	赞助的目标、对象、形式
		赞助费用的预算
		赞助主题和传播方式
		具体实施方案
3	审核评定	根据年度赞助计划，对赞助项目进行逐项审核评定，确定可行性、具体赞助方式、款额和时机
4	赞助计划实施	确定负责人，运用各种公共关系技巧，尽量扩大组织的社会影响
5	效果测定	赞助完成后，对效果进行调查测定，对照计划，检查完成情况，撰写报告存档

各团队按程序写出针对企业产品和国际目标市场环境状况的赞助活动计划并模拟实施过程。

4.2.2.4 国际会展的公共关系活动计划与实施训练

①各团队根据第一节的训练结果和前面三个项目的训练结果，对团队所选择的企业、产品、参加的国际实物会展和网上会展，确定企业可以采用的国际公共关系活动。

②对针对国际会展的国际公共关系活动进行计划并模拟实施过程。

各团队提交针对国际会展的国际公共关系活动计划和实施措施，在训练课程时间以团队为单位进行交流和讨论，提交国际公共关系计划与实施报告。

4.2.3 训练组织与要求

针对每个训练项目，以团队为单位进行写作和模拟训练。以团队为单位参加班级的国际公共关系活动计划的展示和讲解，针对各团队的计划内容进行讨论和交流。

在训练课程时间，各团队按教师要求采用电子幻灯片展示制定的国际公共关系活动的计划、模拟实施，并就各团队的策划案进行交流讨论，提交国际公共关系活动计划书、国际会展公共关系活动计划书。总评成绩以讨论交流情况占 30%、策划书占 70%的方式来计算。

4.3 国际广告活动组织与实施训练

国际广告的策划和实施比国内广告更具有较大的难度。除了欠缺对国际市场环境和国际目标市场环境的深入了解外，广告法规限制、国际目标市场国家的广告方式以及受众偏好也是国际广告策划与实施的难题。很多国际广告都是通过与国际广告代理商的合作来完成，但是作为从事国际商务活动的企业和人员，了解和初步掌握国际广告方法也是至关重要的。

4.3.1 训练目的

（1）要求学生了解广告文案创意的要求、内容和方法，了解广告预算的基本内容和作用，了解广告媒体组合的意义和目标。

（2）要求学生初步掌握广告文案创意与写作知识、广告预算的方法，学会根据不同的市场背景选用不同的预算方法，初步掌握优化广告媒体组合的基本方法和技巧，科学合理地安排广告推出时间、发布时机及频率，并学会策划企业产品参加国际会展的广告宣传。

4.3.2 训练的内容与方法

（1）国际广告文案写作训练

各团队根据选择的企业和产品，结合国际市场环境和国际目标市场特征选择1~2种广告创意方式进行企业产品的广告创作，确定产品的品牌名称、广告语，撰写广告文案。通过团队内部成员的角色模拟，让团队成员分别从广告商与企业营销人员的角度相互评判广告创意和文案。

（2）国际广告预算方法训练

各团队针对选择的企业和产品，结合国际市场营销环境，选用适宜的广告预算方法测算广告的实际投入。在班级的训练课上进行汇报，说明广告预算方法选择的理由和预算结果的合理性。通过团队之间的讨论和交流，熟悉各种广告预算方法。

（3）国际广告媒体组合选择训练

各团队根据前面两个项目的训练结果，制订广告媒体的组合与发布计划，并进行讨论和交流。

（4）国际会展的广告策划训练

①各团队根据第一节的训练结果和前面三个项目的训练结果，对团队所选择的企业、产品、参加的国际实物会展和网上会展，确定产品的广告语、撰写广告文案。

②针对国际会展的广告，选择恰当的预算方法。

③针对国际会展的广告，确定媒体组合和发布计划。

④各团队提交针对国际会展的广告策划案，在训练课上进行交流和讨论。

4.3.3 训练的组织形式与要求

针对每个训练项目，以团队为单位进行写作和模拟训练，参加班级的策划案展示，针对各策划案内容进行讨论和交流。

各团队按教师要求采用幻灯片展示和讲解自己的策划方案，参与各团队的策划案讨论交流，提交团队国际广告策划案、国际会展广告策划案。总评成绩以讨论交流情况占30%、策划案占70%的方式来计算。

下篇

国际市场营销方法与应用

5 市场营销研究的主要数据收集方法

市场营销研究的有效性在很大程度上取决于数据的质量与适切性。本章将系统介绍市场营销研究中主要的数据收集方法，包括二手数据的利用、定性研究方法的运用以及问卷调查中不同的数据收集方式，为各项市场调研训练提供理论与方法支撑。

5.1 二手数据的利用

在启动任何原始数据收集之前，充分检索和利用现有的二手数据是市场营销研究的首要步骤。这不仅能显著提高研究效率，还能有效节约成本和时间。

5.1.1 二手数据的特点与分类

二手数据（secondary data）指为其他目的而非当前特定研究项目已经收集和存在的数据。与为特定研究专门收集的原始数据（primary data）相比，其主要优势在于获取成本低、速度快。

营销研究中使用的二手数据按来源可分为内部数据和外部数据两大类：

内部数据（internal data）：指研究委托方（企业）内部产生和储存的数据。

外部数据（external data）：指研究委托方以外的机构或个人收集和提供的数据。在国际市场环境分析与信息调查训练中，对这两类二手数据的收集和运用是形成初步判断的基础。

5.1.2 内部数据的来源与深化应用

企业内部数据主要包括日常交易数据、顾客数据、用户行为数据（如访问、浏览、购买记录）、售后服务与投诉记录数据以及以往的营销研究数据等。随着信息技术发展，企业内部信息系统和数据库的建立使得内部数据利用日益便捷。

内部数据的深化应用主要体现在数据挖掘与个性化营销方面。通过数据挖掘技术，企业能深入洞察顾客需求、偏好与购买行为，为制定精准营销策略、优化客户关系管理（customer relationship management，CRM）提供支持。例如，通信运营商可利用用户话费支出、离网记录等建立预警模型，进行客户价值分析和精准营销。同样，电商平台通过分析用户行为数据实现个性化推荐，提升用户体验。

5.1.3 外部数据的来源

外部数据主要分为公共数据和商业数据。

（1）公共数据：通常由政府部门、行业协会、学术机构、媒体等公开发布，包括：

①各类普查和抽样调查数据（如人口普查、行业调查报告）。

②官方统计资料、年鉴、公报（如国家统计局、商务部、海关总署发布的统计数据）。

③学术期刊论文、会议论文集、行业出版物等。

④企业公开的公司资料（如上市公司年报、企业官网信息）。

⑤互联网和媒体提供的公开数据服务，以及部分咨询公司免费发布的行业报告（如益普索发布的市场信心指数）。

（2）商业数据：由专业市场研究公司以营利为目的的收集和销售的二手数据，通常称为“联合数据服务”或“辛迪加服务”。这类服务通过标准程序采集数据，面向多个用户共享，成本相对较低，数据质量和连续性有保障。常见的联合数据服务包括：

①消费者固定样本组（consumer panel）数据：如凯度消费者指数，持续追踪快消品购买与消费行为。

②媒体固定样本组（media panel）数据：如某市场研究股份有限公司的收视率监测，用于受众分析和广告投放指导。

③零售研究（retail research）数据：如益普索的零售监测，分析产品终端销售和市场份额。

④网络广告监测（online ad tracking）数据：如某硕科技公司监测网络广告投放效果的数据。

5.2 定性研究

当二手数据无法满足特定研究问题时，就需要收集原始数据。定性研究是获取深入理解和探索性洞察的重要原始数据的收集方法。

5.2.1 定性研究的特点

定性研究（qualitative research）是一组主要采用非结构化或半结构化方法，针对小样本进行探索性研究的数据收集方法的统称。其主要特点包括：

目的：探索特定群体与行为，提供关于潜在原因、动机和态度的解释与初步理解。

样本：通常是精心挑选的小样本，不追求统计代表性。

数据收集：方法灵活，如焦点小组、深度访谈等，允许研究者在自然环境下与研究对象进行深入互动。

数据分析：主要采用非统计的定性分析方法，侧重于意义的阐释和模式的识别。

优点：简便易行、富有灵活性、贴近研究对象，能够获取定量研究难以触及的深层信息，尤其适用于理解复杂行为和敏感话题。

局限性：结果易受研究者个人因素影响，难以重复；小样本结果代表性有限，不宜直接推论总体；数据难以进行统计量化分析。定性研究与定量研究的比较内容如表5-1所示。

表5-1 定性研究与定量研究的比较

	定性研究	定量研究
目的	探索特定群体及其行为 分析潜在的原因、动机和态度，提供相关解释	开展定量分析 检验预先设定的假设，并基于目标群体进行推断
样本	经过仔细筛选的小规模样本	规模较大的概率抽样样本
数据收集	采用非结构化或半结构化的方式	结构化方法
数据分析	定性分析，通常以非统计手段为主	定量分析，侧重于统计手段
结果	给出初步的见解	建议最终的行动方案

进行定性研究时，应注意在贴近研究对象与保持客观性之间取得平衡，谨慎选择研究情境与样本，并慎重解读研究结果 。

5.2.2 专题组座谈（焦点小组访谈）

专题组座谈（focus group discussion）是通过组织一次小型讨论会，由一位受过训练的主持人引导，围绕特定主题（如产品、品牌、广告等）收集一组（通常为 6~12 人）经过筛选的参与者意见和看法的方法。其核心价值在于参与者之间的互动能激发更多观点和深层见解，产生“滚雪球效应”。在 SWOT 分析训练中，采用的“头脑风暴法”座谈会即是专题组座谈的一种实践应用。

主要用途：了解消费者认知与态度、测试新产品概念、收集营销活动反馈、定义研究问题、辅助问卷设计、解释定量研究结果等。

基本要求：表 5-2 对专题组座谈的基本要求进行了简要的总结。

表 5-2　专题组座谈的基本要求

小组规模	8~12 人，专家座谈：3~5 人
小组组成	经过预先挑选的、具有相似特征的调查对象
座谈环境	营造轻松、随意的氛围，同时也可以考虑采用线上方式开展
时间长度	1~3 小时；90 分钟为宜
录音录像	尽可能使用录音、录像工具，或者借助在线视频技术来辅助记录
主持人	具备亲和力，同时拥有出色的倾听、沟通与协调能力

主要步骤：明确研究目的与对象→确定小组数量、规模与构成→起草座谈提纲→筛选并邀请参与者→选择合适的主持人与记录员及场地设施→实施座谈并记录→整理分析记录→撰写报告。筛选参与者时常使用甄别问卷。

主要优缺点：

优点：集思广益、直接观察互动、相对快速经济。

缺点：主持人偏差、少数人主导讨论（以偏概全）、涉及敏感问题时参与者可能有顾虑、结果不具统计推断性。

5.2.3 深度访谈

深度访谈（depth interview）是由经验丰富的访谈员与单个受访者进行的一对一、非结构化或半结构化的深入交流，旨在获取其关于特定主题的详细看法、个人经历、动机和情感等信息。

深度访谈的主要应用场景：尤其适用于探讨个人隐私或敏感话题（如个人理财、健康产品）、与情感密切相关的消费（如奢侈品、礼品）、易受社会规范影响的话题、需要深入理解的复杂行为以及对专业人士的访谈（专家调查）。

深度访谈的实施方法如下：

①非结构化访谈：访谈员依据大致提纲灵活提问，鼓励受访者自由表达。

②结构化/半结构化访谈：常使用开放式问题，允许追问。可运用梯度提问法（从产品特征到使用者特征层层深入）等技巧方法挖掘深层信息。

③对访谈员的要求：营造轻松氛围、保持客观中立、避免引导性提问、善于倾听与追问。

深度访谈的优缺点如下：

①优点：能获取非常深入和个性化的信息，适合敏感或复杂话题。

②缺点：耗时耗力成本高，对访谈员技能要求高，结果分析主观性强，样本量小。

5.2.4 定性研究的职业道德问题

定性研究，特别是采用间接方法或涉及敏感信息时，需高度关注职业道德：

①知情同意：隐瞒研究目的或采用欺骗性方法侵犯知情权，应在研究后解释并允许提问。对访谈和座谈进行录音录像必须事先征得受访者同意。

②隐私保护：尤其在线上定性研究中，要防止文字、图片、视频资料泄露，保护参与者个人信息。

③避免研究者偏差：研究人员应完整、客观地记录和报告结果，谨慎解释，避免主观臆断。

5.3 问卷调查的数据收集方式

问卷调查是收集标准化原始定量数据最常用的方法。关于问卷调查的整体策划、抽样方案设计、问卷设计原则与技巧、调查项目的组织实施及报告撰写等内容，已在前文“国际市场调研、国际市场机会分析与风险判断”训练中有详细阐述。本节聚焦于问卷调查中不同的数据收集方式及其特点。

5.3.1 人员访问

人员访问是由调查员与受访者面对面进行，由调查员按问卷提问并记录答案的方式。其类型有：

入户访问（in-home interview）：调查员到受访者家中访谈。优点是回答率较高、可解释、澄清问题、能控制访问环境、可补充观察信息、样本代表性相对较好；缺点是成本高、速度慢、可能侵犯隐私、存在安全顾虑、易受调查员偏差影响、现场督导难。目前呈衰落趋势。

拦截访问（intercept interview）：在商场、展会等人流量大的场所拦截合格受访者进行访问。优点是操作相对容易、效率较高，尤其适合需要产品展示或试用的情况；缺点是样本偏差（不常去特定场所的人不易被抽中）、受访者配合度可能不高、不宜使用过长问卷。

计算机辅助面访（computer assisted personal interviewing，CAPI）：调查员使用便携式电脑或平板设备进行访问。优点包括人机互动提升趣味性、自动逻辑跳转与检验避免错误、数据填写编码录入一次完成、可记录全过程便于质控、数据可实时上传监控进度。CAPI 正逐步取代传统纸笔访问。

5.3.2 电话访问

电话访问是通过电话对抽中的调查对象按问卷提问并记录答案的方式。

计算机辅助电话访问（computer assisted telephone interview，CATI）：目前专业调研公司普遍采用 CATI 系统，调查员在呼叫中心通过计算机辅助完成访问。数据和录音实时存储，督导员可进行样本管理、访问监控和问卷审核。

优点：成本较人员访问低、速度快（尤其当受访者地理分散时）；CATI 系统下自动化程度高、错误率低、质量控制方便（实时逻辑检验）、省时省力（省略编码录入等）。

缺点：回答率逐年下降，拒访率高；受访者配合度可能低于面访，易中途终止；问卷长度和深度受限，不适合复杂或需实物展示的问题；可能存在样本选择性偏差（如无电话人群被排除）和调查员偏差 。

5.3.3 网络调查

网络调查是通过互联网发送和回收问卷的自填式调查方法，因成本低、速度快而日益普及，但易被滥用。主要包括：

（1）电子邮件调查（email survey）：通过邮件发送问卷。

优点：特定人群（如员工、校友、现有客户）中若有名单且关系密切，则经济快捷，回答率尚可。

缺点：普通人群覆盖面有限，抽样框质量差（重复、遗漏、混杂严重）；回答率极低（垃圾邮件困扰）。

（2）在线调查（online survey）：在网站上投放问卷请人填写。

规范做法：应根据目标总体定义抽取样本，向抽中者发送邀请和问卷链接（含甄别问题）。而非简单依赖自愿参与。

优点：速度快、填写便捷、可智能互动（自动跳转、逻辑检验）、形式生动（可加入图片、视频）、数据处理一次完成。

缺点：问卷设计可能较复杂；招募和填写各环节样本流失导致回答率低；覆盖面受限（不上网或少上网人群）；问卷长度和深度受限；信息准确性难核实；若非规范招募则样本可控性差，多为便捷样本。专业机构通过建立在线样本库来提升在线调查质量。

（3）移动终端调查（mobile survey）：通过手机等移动设备投放和回收问卷。

规范做法：类似在线调查，应基于抽样向目标人群推送邀请或链接（如二维码），并设甄别问题。

优点：灵活、费用低、速度快、回应及时，可实现个性化和智能互动。

缺点：回答率、完成率仍可能较低；样本选择性问题依然存在；问卷内容和长度受屏幕限制极大；易被视为侵犯隐私引起参与者反感。

课后练习

一、概念理解与简答题

1. 辨析题：什么是二手数据和原始数据？请分别列举至少三个在国际市场调研中获取这两类数据的具体渠道或方法，并简述二手数据在国际市场初步调研中的主要优势与局限性。

2. 内部数据的价值：一家计划向东南亚市场扩张的家电企业，其内部已有的哪些数据可能对市场进入决策有价值？如何深化应用这些内部数据？

3. 外部数据的评估：在评估来自某目标市场国政府统计部门发布的行业报告时，您会重点关注哪些方面以判断其可靠性和适用性？

4. 定性研究的适用情境：假设一家国际饮料公司计划在印度市场推出一款针对年轻人的新型草本饮料，为什么在进行大规模定量调研之前，开展定性研究（如焦点小组或深度访谈）可能是必要的？

5. 跨文化焦点小组的挑战：在组织一场涉及多个国家参与者（例如，通过在线方式）的焦点小组讨论时，主持人可能会面临哪些主要的跨文化挑战？应如何应对？

6. 深度访谈中的"共情"：在对不同文化背景的消费者进行深度访谈时，研究者如何才能更好地做到"共情理解"，同时又保持研究的客观性？

7. 人员访问的国际适用性：在哪些国际市场调研情境下，尽管成本较高，人员访问仍然是首选的数据收集方式？请举例说明。

8. 网络调查的数字鸿沟："数字鸿沟"如何影响国际网络调查的样本代表性？企业在非洲某发展中国家进行消费者调研时，若主要依赖网络问卷，可能会面临什么问题？如何弥补？

9. 研究伦理的国际考量：在进行涉及不同国家受访者的定性研究时，除了通用的研究伦理原则外，还需要特别注意哪些与国际化和跨文化相关的伦理问题？

二、案例分析与方案设计题

案例 1：欧洲市场的咖啡新体验

一家中国新兴咖啡连锁品牌，以其独特的"东方茶咖"融合概念在国内市场取得了初步成功。现在，该品牌计划进入欧洲市场（如法国、德国、意大利），目标消费者是对新奇咖啡体验持开放态度的年轻都市人群。

问题 1.1（二手数据利用）：请为该品牌在进入欧洲市场前，设计一个二手数据收集计划。说明您会关注哪些类型的二手数据？可以从哪些国际或目标国特定的公共及商业数据源获取这些信息？

问题 1.2（定性研究设计）：为了深入了解欧洲目标消费者对"东方茶咖"概念的接受度、口味偏好以及潜在的文化顾虑，您会建议采用焦点小组还是深度访谈？请阐述理由，并简要说明在您选择的方法下，进行跨文化研究时需要注意的关键点（如参与者招募、主持人选择、提纲设计等）。

问题 1.3（数据收集方式选择）：如果后续需要进行大规模定量问卷调查，以评估市场潜力并细分消费者群体，请比较在法国、德国、意大利三国采用计算机辅助面访（CAPI）、电话访问（CATI）和网络调查（online survey）的优缺点，并为该公司推荐一种或几种组合的数据收集策略，说明理由。

案例 2：南美洲市场的可持续时尚调研

一家国际快时尚品牌希望提升其在南美洲（如巴西、阿根廷）市场的品牌形象，计划推出一系列采用可持续材料和公平贸易原则生产的服装。品牌方希望了解当地年轻消费者（18~30 岁）对“可持续时尚”的认知、态度、购买意愿以及影响他们决策的关键因素。

问题 2. 1（定性研究方法选择与伦理）：针对“可持续时尚”这一可能涉及价值观和消费行为的话题，您认为深度访谈是否比焦点小组更合适？为什么？在巴西或阿根廷进行此类访谈时，应如何确保研究过程符合当地文化习惯并充分尊重受访者的隐私和权利？

问题 2. 2（问卷调查的跨文化挑战）：在设计一份用于巴西和阿根廷年轻人的关于可持续时尚态度的问卷时，可能会遇到哪些与语言翻译、文化表达（例如对“可持续”“公平贸易”的理解）和回答倾向相关的挑战？应如何应对这些挑战以确保数据的跨国可比性？

问题 2. 3（移动终端调查的利弊）：考虑到目标受众是年轻人，采用移动终端调查（mobile survey）收集数据有哪些优势？在南美洲这两个国家实施移动调查时，又可能面临哪些局限性（如智能手机普及率、网络覆盖、数据成本等）？

三、实践与思考题

1. 国际二手数据源探索：请选择一个您感兴趣的产品类别（如智能手机、运动鞋、化妆品等）和一个特定的海外目标市场（如日本、墨西哥、南非等）。尝试通过网络检索，找出至少三个与该产品在该目标市场的市场规模、消费者行为或竞争格局相关的二手数据来源（可以是行业研究、新闻分析等），并简要评估每个数据源的价值和潜在局限性。

2. 模拟焦点小组提纲：假设您要为一款新的健康零食（以天然、低糖为卖点）进入泰国市场组织焦点小组。请拟定一份包含 5~7 个核心问题的访谈提纲，并思考在提问方式和引导技巧上，需要如何适应泰国文化。

3. 国际调查伦理情景讨论：

情景 A：一名研究员在某发展中国家进行深度访谈，为了鼓励参与，向每位受访者支付了远高于当地日平均收入的现金作为报酬。这种做法是否符合研究伦理？为什么？

情景 B：一家跨国公司在进行一项关于员工满意度的在线调查时，收集了员工的互联网协议地址（IP 地址），并在未明确告知的情况下用于追踪特定部门的反馈。这是否存在伦理问题？如果调查涉及欧盟国家的员工，会有什么额外的合规要求？请就上述情景进行讨论，并提出您的看法。

6 数据准备

通过问卷调查等方式收集到原始数据后，这些原始数据必须经过系统化的处理和转换，才能用于后续的统计分析。数据准备的质量直接关系到最终研究结果的可靠性与有效性。如今的数据采集方式（如 CAPI、CATI、网络调查）已高度数字化和自动化，大幅缩短了数据准备的时间并减少了初级错误，不过规范的数据准备流程依然不可或缺。

6.1 数据准备过程

数据准备通常包括以下主要步骤：

①问卷审核与编辑：检查回收问卷的合规性、完整性和填答质量，纠正错误。

②数据编码：按照预设规则将问卷答案（尤其是开放题和分类题）转换为数值或符号。

③数据录入：将编码后的数据从问卷转移到计算机，形成电子数据集（对于纸质问卷而言）。

④数据清理：检查并修正已录入的数据错误、不一致、无效值和缺失值等。

⑤准备数据文件：制作数据字典等辅助文件，方便数据使用和结果解释。

6.2 问卷审核与编辑

问卷审核（questionnaire check）旨在发现并纠正问卷填写中的错误。问卷审核应尽早开始，贯穿现场调查始终。审核要点包括：

①合规性：受访对象是否符合抽样要求和配额要求 。

②规范性：问卷填写是否清楚、统一、完整，是否遵循跳转规则。

③严肃性：回答是否认真，有无大量不合理或逻辑矛盾的答案。

④真实性：答案是否可信（如收入与支出是否匹配）。

⑤详细程度：开放式问题的回答是否过于简略或跳过。对于计算机辅助调查和网络调查，大部分审核工作可由软件实时完成。专业公司还会进行电话或实地复核，确认调查真实性、对象符合性和执行规范性。

问卷编辑（questionnaire editing）是对问卷审核中发现的错误进行纠正。处理方法包括：

①给出估计值：根据已有信息合理推断或使用均值、中位数等填补。

②设为缺失值：若无法合理估计，且非关键变量或缺失比例小，可设为缺失。

③放弃整份问卷：若不合格答案过多或关键变量缺失且无法返工，可放弃问卷，但需记录并评估影响。

④返回现场调查：若不合格问卷的比例大或原始样本小，应退回返工并加强督导。

6.3 数据编码

数据编码是根据问卷信息及预设规则，为每个观察变量赋予相应数值或符号的过程，通常用数字编码以便录入和分析。

6.3.1 编码规则

清晰的编码规则至关重要，编码规则需遵循：

①不重叠（互斥性）：每个答案对应的编码唯一，无交叉。

②不遗漏（完整性）：涵盖所有可能情况，无法穷尽时设“其他”（比例不宜过高）。

③一致性：同一编码在所有问卷中含义一致。

④符合常识（直觉性）：编码方向应符合一般认知（如数值大代表程度高）。

⑤详略适宜：根据研究需求确定编码详细程度，把握不准时宜细不宜粗。封闭式问题的编码在问卷设计时已完成，开放式问题常在问卷回收后再编码。

6.3.2 开放式问题的编码

通常有两种思路：

演绎性编码：据现有理论或以往研究确定编码方案，再对答案归类。

归纳性编码：据回收问卷中答案的实际分布情况进行分类，确定编码方案。步骤一般包括：列出所有不同答案→合并相似答案（归类）→为类别分配编码。对于重要或复杂的问题，可采用双重编码以提高可靠性。大量开放题可借助文本分析软件进行计算机辅助编码。

案例分析：消费者选购洗发产品的关键考量

在一项关于消费者洗发产品选购行为的调研中，研究者通过开放式问题："您选购洗发产品时最主要考虑哪些因素?"收集了100名受访者的回答。以下是原始数据的分布情况（括号内为回答频次）：

使用效果（31）；

不伤发质（19）；

价格合理（16）；

无有害成分（10）；

广告曝光度（9）；

购买便捷性（8）；

促销优惠（3）；

品牌知名度（2）；

个人推荐（1）；

其他因素（1）。

基于这些原始回答，研究团队将相似概念整合，形成了更加结构化的编码方案：

功效表现（原类别1）占比31%；

健康安全（原类别2、4）占比29%；

经济因素（原类别3、7）占比19%；

品牌影响（原类别5、8、9）占比12%；

便利可及（原类别6）占比8%；

其他考量（原类别10）占比1%。

上述案例展示了一个相对简化的编码过程。在实际研究中，开放式问题的回答通常更加多样复杂。为确保编码质量，建议遵循以下系统步骤：

（1）全面收集回答内容。

首先需要仔细检视所有问卷，完整记录特定开放题的所有不同回答。这一阶段重点在于全面性，确保不遗漏任何独特表述。

（2）概念归类整合。

识别并合并表达方式不同但核心含义相近的回答。这一步骤需要研究者对领域知识有较深理解，能够准确把握回答间的异同。

例如，在另一项关于运动鞋购买因素的研究中，“脚感舒适”“穿着不累脚”和“走路轻松”等表述虽然用词不同，但可归入“舒适度”这一概念类别。

（3）编码赋值。

对归类后的各个类别进行系统命名，并分配唯一的数字代码，便于后续数据处理与分析。

实用技巧：

当研究样本量较大时，可采用抽样预编码策略：先从总体中抽取一定比例的问卷（通常为20%~30%），根据这部分样本回答特点建立初步编码框架，再应用于全部样本。

对于语义模糊或包含多重含义的回答，为减少主观判断偏差，建议实施双重编码程序：由两名独立编码员分别对同一批问卷进行编码，然后计算编码一致性。对于判断不一致的样本，可通过讨论达成共识，或邀请第三方专家裁决。

在大规模调研中，特别是含有多个开放式问题的复杂项目，传统人工编码往往效率低下。此时可借助自然语言处理技术和文本分析软件（如NVivo、ATLAS.ti或Python NLTK库）进行辅助编码，显著提升处理效率。研究表明，计算机辅助编码在保证编码质量的同时，可将编码处理时间缩短40%~60%。

6.3.3 多选题的编码

多选式问题在市场调研中十分常见，它允许受访者从多个选项中选择所有适用的答案。这类问题通常用于收集品牌认知度、产品使用情况、媒体接触习惯或信息来源等多维度数据。与单选题不同，多选题的编码需要采用特殊处理方法。

编码示例：牙膏品牌使用情况

考虑以下调查问题：您使用过哪些品牌的牙膏？（可多选，请在相应选项处打“√”）

1. 佳洁士
2. 高露洁
3. 中华
4. 两面针
5. 黑妹
6. 田七
7. 其他品牌

对于这类多选问题，不能简单地用1~7这样的单一数字作为整个问题的编码值。这是因为当受访者选择多个品牌时（例如同时使用过“佳洁士”和“田七”），无法用单一变量准确记录这种多重选择情况。

这时，处理多选题的标准方法是将每个选项视为一个独立的二分变量，即二分法编码技术，具体做法是：

为每个选项创建单独的变量（例如可命名为$B1$，$B2$，$B3$，…直至$B7$）

每个变量只有两种可能的取值：

1 = 选择了该选项（表示“是”或“用过”）；

0 = 未选择该选项（表示“否”或“未用过”）。

数据记录示例：

假设某位受访者只使用过“佳洁士”和“中华”这两个品牌的牙膏，那么该受访者的数据记录如下：

$B1$（佳洁士）= 1

$B2$（高露洁）= 0

$B3$（中华）= 1

$B4$（两面针）= 0

$B5$（黑妹）= 0

$B6$（田七）= 0

$B7$（其他）= 0

这种编码方式也被称为“虚拟变量编码”或“哑变量编码”，它将每个选项转化为一个独立的是或否的问题。

实际应用案例：

在一项关于人们使用智能手机的习惯的调研中，研究者询问受访者“您经常使用手机进行哪些活动?”（可多选），选项包括：社交媒体、网络浏览、游戏、视频观看、拍照、在线购物等。每个选项都被编码为独立变量，值为1表示受访者选择了该活动，值为0表示未选择。这种编码方法使研究者能够分析不同活动之间的关联模式，例如发现喜欢在线购物的用户也往往活跃于社交媒体平台。

这种编码方式的主要优点是：

①保留完整信息：记录了受访者的所有选择，不丢失任何数据。

②便于频率分析：可以轻松计算每个选项被选择的频率或百分比。

③支持交叉分析：可以分析不同选项之间的关联关系。

④兼容统计软件：几乎所有统计分析软件（如社会科学统计软件包、统计分析软件等）都支持这种数据结构。

通过这种二分法编码技术，研究者能够有效捕捉和分析多选题中的复杂回答模式，从而获得更丰富、更准确的研究信息。

6.3.4 编码字典

编码字典是数据研究中的关键文档，它详细记录了研究数据集中各个变量的结构化信息及其编码规范。这份文档通常涵盖每个变量的序列编号、标识名称、数据位置、对应题项以及完整的编码说明。一份完整的编码字典通常包含以下核心信息：

①变量标识符：每个数据项的唯一识别号。

②变量名称：简明扼要的描述性标签。

③数据位置：变量在数据矩阵或文件中的确切位置。

④问卷对应：变量与原始问卷中具体问题的对应关系。

⑤编码规则：详细说明变量的取值范围、类别含义及特殊编码处理方法。

汽车拥有状况调查的编码字典

表6-1是某项家庭汽车拥有状况调查所用的编码字典。

表 6-1　汽车拥有状况调查的编码字典

序号 1	变量名称 ID	列数 1~4	编码说明 家庭序列号（用实际值）
2	income	6~10	家庭年收入/千元
3	member	11~12	家庭成员数（用实际值）
4	educat	13~14	户主的受教育年限，用报告的数字作为编码
5	region	15	家庭常住地 1=城镇 2=农村
6	income	16	家庭年收入 1=低于 20 000 元 2=20 000~39 999 元 3=40 000~59 999 元 4=60 000~79 999 元 5=80 000~99 999 元 6=100 000 元及以上 9=不详
7	cars	17	拥有汽车数（用实际值）
8	finance	18	是否贷款购车
9	fcar	19	是否拥有进口车 1=是 2=否
10	van	20	是否拥有面包车 1=是 2=否
11	suv	21	是否拥有越野车 1=是 2=否

6.3.5　提升编码质量的措施

在研究过程中，数据编码质量直接影响最终结果的可靠性和有效性。为确保编码工作的准确性，研究者可采取以下关键措施：

（1）优化文档支持系统：精心设计的问卷和详尽的编码字典是高质量编码工作的基石。这些文档应提供明确、无歧义的编码指南，详细说明每个变量的处理规则和特殊情况处理方法。

（2）系统化培训计划：对编码人员进行全面、系统的培训至关重要。有效的培训应包括：理论讲解、案例演示和实操练习三个环节，确保编码员在正式开始工作前已充分理解编码原则并熟练掌握操作技巧。这不仅能减少初始错误，还能显著减轻后期修正和返工的工作量。

（3）遵循编码最佳实践：采用领域内公认的编码惯例和标准化流程，不仅有助于减少编码过程中的随机错误，还能简化后续数据处理和分析环节，提高研究整体效率。例如，在社会科学研究中，缺失值的一致性处理（如统一使用“99”或“-1”表示）能有效避免分析阶段的混淆。

（4）实施多重编码检验：当研究资源允许时，采用多人独立编码同一数据集的方法（即双重编码或多重编码）是提升数据可靠性的有效途径。

（5）自动化编码技术：随着计算机技术的发展，越来越多的编码工作可通过自动化系统完成。计算机辅助编码不仅能提高效率，更重要的是能最大限度地减少人为因素导致的随机误差和系统性偏差。

6.4 数据录入

数据录入是研究过程中的关键环节，指将编码后的问卷信息通过键盘或其他设备转化为计算机可处理的电子数据集的过程。在现代调研方法中，CATI、CAPI 和网络问卷等技术已实现数据自动采集，而传统纸质问卷则需要额外的数据录入。除常规键盘输入外，机读卡识别和光学扫描等技术也被广泛应用于数据录入。

如果想提高数据录入速度并减少录入误差，研究者需要做好以下几方面的工作：

（1）合理选择数据处理工具：数据量较小时，可使用通用统计软件或电子表格程序进行直接录入。面对大规模数据集，应采用专业数据录入软件，如 EpiData 或 CSPro 等，这些工具提供了专门的错误检测和数据验证功能。应避免使用普通文本编辑器进行数据录入，因为这不仅效率低下，还容易引入格式和结构错误。

（2）系统化人员培训：在正式开始数据录入前，应对录入人员进行全面培训，包括问卷结构解读、编码规则说明和软件操作指导。培训后应安排试录入环节，让操作人员熟悉工作流程并接受质量评估。只有通过质量检验的人员才能分配正式录入任务。

（3）科学作业管理：建立严格的问卷分配与回收记录系统，实施有效的进度监控措施。定期抽查录入质量，建立绩效评估和奖惩机制，激励高质量工作表现。

（4）质量控制机制：为确保数据录入准确性，应实施数据复核程序，通常采用二次录入法——由不同人员独立录入同一批问卷，然后通过软件比对发现不一致之处。复核比例一般根据项目重要性和资源状况确定，通常为5%~25%。对于样本量小或研究至关重要的项目，可考虑100%复核。

6.5 数据清理

数据清理是发现并纠正数据文件中可识别错误的最后程序，通常由计算机完成。

6.5.1 错误识别与分级

错误识别是根据变量合理取值范围和相互关系检查数据是否合规。如：

①超出范围的值：如1~7级量表出现0值。

②逻辑上不一致的答案：如称自己开车上班又报告没车。发现错误时，要记录问卷号、变量名、错误类别等，并对错误分级（一级：必须修正；二级：基本需要修正；三级：有确凿证据才修正）。

6.5.2 无效值和缺失值的处理

常用处理方法有：

①估算（estimation）：用变量的均值、中位数或众数代替；或据其他答案通过相关分析或逻辑推论估计。

②整例删除（casewise deletion）：剔除含缺失值的样本。适用于关键变量缺失或含缺失值样本比重小的情况，否则会损失大量样本。

③变量删除（variable deletion）：若某变量缺失值很多且不特别重要，可删除该变量。

④成对删除（pairwise deletion）：用特殊码代表缺失值，保留全样本。计算时只用有完整答案的样本，不同分析有效样本量可能不同。最大限度保留信息。应尽量避免出现无效值和缺失值，要保证数据完整性，因为不同的处理方法可能会影响分析结果。

6.6 数据文件的准备工作

在创建数据集的过程中，研究者应当培养准备必要数据文件的良好习惯，这对后续的数据分析和结果解读具有重要意义。通常应随数据集提供以下文件：

①数据字典：这是一种详细说明数据内容与格式的文档，与编码字典类似，是进行数据分析的必备材料。

②测量工具记录：为确保数据分析人员能够准确把握各变量的含义及可能存在的误差，应保存数据采集过程中使用的各类工具，如调查问卷、观察记录表、访谈大纲等，以供相关人员查阅。

③实施报告：其目的在于让数据使用者了解数据收集的整个过程，包含实施方式、应答率、初始与有效样本规模、潜在误差源等信息。

④背景资料：关于研究项目和目标群体的基本背景信息。

⑤其他补充资料：例如，负责数据收集和发布的机构基本信息、联系人及其联系方式等，便于相关人员在需要时进行查询。

6.7 数据分析方法的选择

数据分析方法的选择通常在数据准备前就要考虑，以便确定所需数据的内容和格式。其选择取决于研究目的与设计、数据类型与特征、各种分析方法的特点与适用范围以及研究人员的背景习惯等。通常以研究设计中的数据分析计划为基础，并根据最终获得的数据进行调整。后续章节将详细介绍市场营销研究中常用的描述性统计分析、差异性检验、相关回归分析等具体方法。

课后练习

一、概念理解与简答题

1. 数据准备的重要性：为什么说“数据准备的质量直接关系到最终研究结果的可靠性与有效性”？请结合一个市场营销研究的例子加以说明。

2. 问卷审核的关键点：在对回收的国际市场调查问卷进行审核时，除了检查答案的完整性和清晰度外，还需要重点关注哪些方面？（提示：结合国际调研的特殊性思考）

3. 开放式问题编码的挑战：开放式问题的回答往往内容多样、表述不一，这给数据编码带来了哪些主要挑战？请列举至少两种应对这些挑战的方法或技巧。

4. 多选题编码的特殊性：为什么对于多选题（允许多个答案的问题），不能像单选题那样用一个变量和一组简单的数字代码来记录答案？请解释“二分法编码技术”（或称“虚拟变量编码”）是如何解决这个问题的。

5. 编码字典的核心作用：什么是编码字典？它在数据准备和后续数据分析中扮演了哪些核心角色？

6. 数据录入的质量控制：对于传统的纸质问卷，如何才能有效提高数据录入的速度并最大限度地减少录入错误？请至少列出三项关键措施。

7. 数据清理中的“逻辑一致性”：请举例说明在数据清理过程中，什么是“逻辑上不一致的答案”？发现这类错误后，通常有哪些处理方法？

8. 缺失值的处理策略：当数据中出现缺失值时，为什么不能简单地一概删除？请简述至少三种处理缺失值的常用方法及其适用条件或潜在影响。

9. 数据文件的完整性：除了包含原始数据的电子数据集外，为什么说准备一份完整的数据文件（如数据字典、测量工具记录、实施报告等）对于后续的数据分析和结果解读至关重要？

10. 数据准备与分析方法选择的关系：教材中提到“数据分析方法的选择通常在数据准备前就要考虑”，请解释这句话的含义。数据准备阶段的工作如何为后续选择合适的数据分析方法提供支持？

二、案例分析与操作

背景资料：假设某团队完成了一项针对大学生对某款新型智能手环购买意愿的问卷调查。问卷部分问题及回收的部分答案如下：

Q1（单选）：您的性别是？

1. 男　2. 女

Q2（单选）：您所在的年级是？

1. 大一　2. 大二　3. 大三　4. 大四　5. 研究生

Q3（多选）：您通常通过哪些渠道了解新的电子产品信息？（可多选）

1. 社交媒体（如微信、微博、小红书）

2. 电商平台（如淘宝、京东）

3. 专业科技网站/应用程序

4. 朋友/同学推荐

5. 线下实体店体验

6. 电视广告

7. 其他（请注明：________________）

Q4（开放式）：您认为这款智能手环最吸引您的功能是什么？

Q5（李克特量表）：您对这款智能手环的购买意愿有多强？

1. 非常不愿意　2. 比较不愿意　3. 一般　4. 比较愿意　5. 非常愿意

回收的部分答案示例：

问卷 A：Q1：1（男）；Q2：3（大三）；Q3：1，2，4（社交媒体，电商平台，朋友推荐）；Q4："续航时间长，还有 NFC 功能很方便"；Q5：4（比较愿意）。

问卷 B：Q1：2（女）；Q2：5（研究生）；Q3：1，3，7（社交媒体，专业科技网站，其他：看了哔哩哔哩平台上的博主测评）；Q4："外观设计好看，有很多表盘可以换"；Q5：5（非常愿意）。

问卷 C：Q1：1（男）；Q2：1（大一）；Q3：2，5（电商平台，线下实体店体验）；Q4：（未填写）；Q5：2（比较不愿意）。

问卷 D：Q1：（漏填）；Q2：2（大二）；Q3：1，4，5（社交媒体，朋友推荐，线下实体店体验）；Q4："可以监测睡眠质量，对健康管理有帮助"；Q5：（填写了"6"）。

操作题：

1. 请指出上述问卷 D 中填写存在哪些问题？针对这些问题，您会采取哪些编辑处理方法？请说明理由。

2. 如果发现大量问卷在 Q4（开放式问题）的回答过于简略或直接跳过，这可能说明什么问题？作为研究者应如何处理？

三、实践与思考题

1. 国际调研数据准备的特殊性：假设您正在处理一份从多个国家（如中国、美国、印度）收集回来的关于某全球社交应用程序使用习惯的问卷数据。在数据准备阶段（审核、编码、录入、清理），您认为会遇到哪些由于跨国、跨文化因素带来的特殊挑战？应如何应对？

2. 开放式问题编码的“度”：在对开放式问题进行编码时，如何把握编码的“详略适宜”原则？编码过细或过粗分别可能带来什么问题？您认为在什么情况下需要进行更细致的编码？

3. 自动化工具的应用：随着技术的发展，一些计算机辅助编码软件和文本分析工具被应用于处理开放式问题。您认为这些自动化工具在数据准备中有哪些优势和潜在的局限性？在实际应用中应如何结合人工判断以保证编码质量？

7 描述性统计分析

本章探讨统计分析在营销研究领域的两种基本且广泛应用的方法：频率分布与交叉表分析。开篇阐述频率分布的概念及应用场景，并详细解析衡量频率分布的各项统计指标，包括集中趋势测量、离散程度评估以及分布形态特征。接着讲解交叉表的构建方法，相关显著性检验技术和关联强度的量化指标。本章最后简略介绍进行描述性统计分析时常用的软件工具。

7.1 频数分布

频率分布（frequency distribution）是对单一变量的数值范围和分布状况的考察，它通过将特定变量的各取值与相应的样本绝对数量、相对比例及累计频率按序排列，形成该变量的分布表。

在营销研究实践中，研究人员经常运用频率统计描述各类变量特征，解答营销管理者关注的诸多问题，比如：

电商平台的浏览量、成交订单及消费金额呈现什么样的分布特点?

消费者的购买数量与购买周期表现如何?

高价值客户在总体客户结构中占据多少比重?

通过对变量频率分布的深入分析，研究人员可以生成一系列统计数据，包括出现次数、百分率、有效百分率以及累积百分率等。

对变量的频数分布进行分析会产生频数、百分比、有效百分比和累计百分比等系列数据，如表 7-1 所示。

表 7-1　学生总体满意度的频数分布

满意度	变量值	频数	百分比/%	有效百分比/%	累计百分比/%
非常不满意	1	7	3.5	3.6	3.6
比较不满意	2	36	18.0	18.8	22.4
一般	3	81	40.5	42.2	64.6
比较满意	4	59	29.5	30.7	95.3
非常满意	5	9	4.5	4.7	100.0
缺失值	—	8	4.0	—	—
合计	—	200	100.0	100.0	—

表 7-1 呈现了某学院学生整体满意度的频率分布情况。表格第一栏标注满意度的不同等级；第二栏展示该变量的具体数值；第三栏记录选择各数值的学生人数；第四栏反映各数值选择者占总体的比例；第五栏显示排除缺失数据后各数值在有效样本中的占比；最后一栏则是累积百分比，表示满意度等于或低于特定值的学生在有效样本中的累计比例。

从第四栏数据可见：相当比例的学生（40.5%）对学院持“一般”态度；持“非常不满意”和“非常满意”极端评价的学生比例较小，分别仅占 3.5%和 4.5%；另有少部分学生（4.0%）未给出评价。总体而言，学生对学院的满意程度不够理想，仅有 35.4%（30.7%+4.7%）的学生表示“比较满意”或“非常满意”。

此外，分析变量的频率分布有助于研究人员把握数据分布特征、识别缺失值与异常值，为数据质量评估和后续统计方法选择提供重要参考。例如，上述满意度调查采用五级量表，有效值范围为 1~5，任何超出此范围的值均属无效。

变量的频数分布还可以通过直方图形式展现，这种可视化方式能更直观地呈现数据分布形态（参见图 7-1），便于研究者判断实际观测分布与理论假设分布之间的一致性程度。需要注意的是，直方图旨在展示有效数据的分布情况，因此它是基于本例中的有效样本（$N=192$）绘制的，不包含 8 个缺失值（见图 7-1）。通过图 7-1，我们可以判断所观察到的分布与假设的分布形状是否一致。

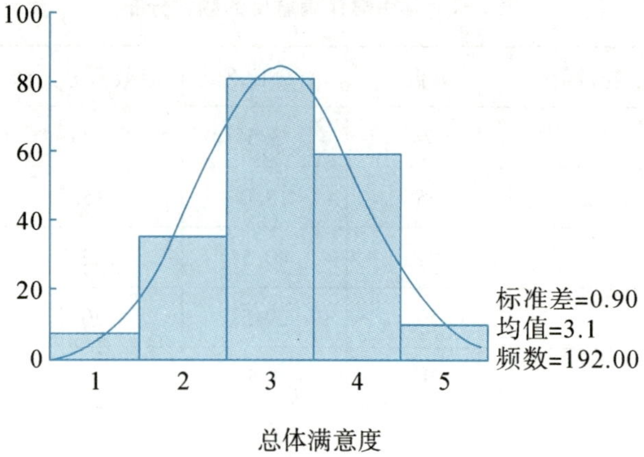

图 7-1　总体满意度的频数分布直方图

7.2　与频数分布有关的统计指标

频率分布能够直观呈现变量值的分布特征并提供有价值的信息，然而当变量取值范围较广时，这些信息常显得过于烦琐冗长。因此，采用描述性统计指标进行数据概括变得十分必要。概括变量分布特性的统计量主要包含三类：测量集中趋势的指标、评估离散程度的指标以及刻画分布形态的指标。

7.2.1　集中趋势指标

集中趋势测度（measures of central tendency）主要用于表征变量分布的中心位置，其中最为常见的指标有算术平均数、众数及中位数。

算术平均数（mean）作为集中趋势测度中使用最广泛的统计量，通常应用于等距或比率尺度变量的中心趋势测量。在消费者行为研究中，如人均消费额、人均购买次数、人均持有数量等，均属于反映消费者平均行为状态的关键指标。

对于特定变量 X，其算术平均值 $\bar{X}$ 的计算公式为

$$\bar{X} = \sum_{i=1}^{n} X_i / n \tag{7.1}$$

式(7.1) 中，X_1 = 变量 X 的第 i 个观察值；n = 样本量。

在研究学生满意度时，需要谨慎选择适当的统计指标来描述数据的集中趋势。虽然表 7-1 中总体满意度的算术平均值为 3.1，似乎表明学生满意度处于中等水平，但必须认识到，满意度实际上是一个定序变量，因此使用均值可能并不恰当。

对于描述变量分布的中心位置，有几种常用的统计指标。其中，众数是指在数据集中出现频率最高的值。这一指标尤其适用于分类变量，但也可应用于其他类型的变量。举个例子，在调查消费者最喜爱的手机品牌时，出现次数最多的品牌就是众数。在满意度调查中，频数分布的众数为 3，这意味着选择“一般满意”的学生比例最大。

另一个重要的集中趋势指标是中位数，它代表将所有样本数据排序后的中间值。中位数适用于定序、定距和定比变量。当样本数为奇数时，中位数就是位于中间的那个值；当样本数为偶数时，中位数是中间两个值的平均数。在调查中，满意度的中位数也是 3，与众数相同。

值得注意的是，在某些情况下，一个变量的三个集中趋势指标（众数、中位数和均值）可能会有所不同。选择哪个指标最能准确反映变量的集中趋势，取决于变量的测量尺度和分布形状。一般而言，定类变量应使用众数；定序变量适合用中位数；定距或定比变量可以考虑使用中位数或均值。

中位数和均值各有优缺点。中位数不易受极端值影响，但无法充分利用所有数据信息。均值则能利用全部数据，但对异常值较为敏感。当数据中存在极端值时，中位数通常是更好的选择。例如根据美国人口普查局的数据，2019 年美国家庭收入中位数为 68 703 美元，而平均收入为 97 974 美元。这种差异主要是由于高收入群体拉高了收入平均值。在这种情况下，中位数可能更能反映典型美国家庭的经济状况。

7.2.2 差异性指标

在统计学中，不仅关注数据的集中趋势，还需要了解数据的分散程度。为此，引入了差异性指标，也称为离散度指标。这些指标主要用于衡量定距或定比变量分布的离散程度，其中包括全距、方差、标准差和变异系数等。

全距是最简单的差异性指标之一。它代表了数据集中最大值和最小值之间的差距，反映了变量的取值范围。全距的计算完全依赖于数据分布的两个极端值。例如在教育领域，研究者可能会使用某门考试的全距（最高分减去最低分）来表示学生成绩的差异程度。在经济学研究中，分析师可能会关注一个国家或地区最富裕和最贫困家庭之间的收入差距，以此反映收入分配的不平等程度。

然而，全距作为差异性指标也有其局限性。它只考虑了数据的两个极端值，忽略了中间的大量信息。为了更全面地描述数据的离散程度，统计学家引入了方差这一概念。

方差是一个更为复杂但也更为精确的差异性指标。它衡量的是变量的观察值与算术平均值之间的平均平方差。当观察值紧密聚集在均值周围时，方差较小，表明数据的离散程度较低；反之，如果观察值与均值的偏离较大，方差就会较大。假设有两个班级的考试成绩。A 班的成绩分布为：85，90，88，92，85；B 班的成绩分布为：70，80，90，100，80。虽然两个班级的平均分都是 88 分，但 B 班的方差明显大于 A 班，反映了 B 班学生成绩的差异性更大。方差 S^2 的计算公式如下：

$$S_X^2 = \sum_{i=1}^{n} \frac{(X_i - \bar{X})^2}{n-1} \tag{7.2}$$

标准差（standard deviation）就是方差的平方根。标准差 S_X 的计算公式如下：

$$S_X = \sqrt{\sum_{i=1}^{n} \frac{(X_i - \bar{X})^2}{n-1}} \tag{7.3}$$

变异系数（coefficient of variation）是标准差与样本均值之比。变异系数 CV 的计算公式为：

$$CV = S_X / \bar{X} \tag{7.4}$$

7.2.3 分布形态指标

常用于描述变量分布形态的指标是偏度和峰度。

偏度（skewness）用于衡量变量分布的对称性。对称分布的偏度值为 0；负偏（左偏，即小于均值的一侧分布尾部较长），其值小于 0；正偏（右偏，即大于均值的一侧分布尾部较长），其值大于 0。

峰度（kurtosis）用于衡量频数分布曲线相较于正态分布的陡峭或平坦程度。正态分布的峰度为 0，峰度为正时，曲线比正态分布更陡峭；峰度为负时，曲线比正态分布更平坦。

7.3 列联表

在营销研究领域，研究人员往往不能仅关注单个变量的频数分布，还需要深入探讨多个变量之间的联合分布，以揭示它们之间的内在联系。例如：

①品牌忠诚度如何与消费者的性别和收入水平相互关联？

②消费者对新产品的态度是否受其年龄和教育背景的影响？

③家庭规模和经济收入怎样影响汽车购买的类型和档次？

④推荐算法与广告的点击率和转化率之间存在怎样的关系？

为了解决这些问题，常用列联表（cross tabulations）来描绘两个或多个变量的联合分布。这种统计工具能直观地展示变量间的关系，尤其在营销研究中，双变量列联表（即二维表）因其简洁明了而被广泛应用，如在分析消费者行为和市场趋势时，能够帮助研究人员快速把握变量之间的基本关联模式。

7.3.1 频数表

以大学生的课程满意度为案例，研究人员研究了满意度的频次分布情况。现在，若想探究满意度是否受学生性别、年级和学历层次（本科生、硕士研究生、工商管理硕士）影响，可将学生按这三项特征分类，再统计各类别的满意度频次，从而形成双变量交叉表（bivariate cross tabulations）。

举个例子，要研究性别与满意度的关系，首先将满意度分为“不满意（1~2分）”“一般（3分）”和“满意（4~5分）”三档，再与性别进行交叉分析，结果见表7-2。为方便展示，选取了100名普通研究生学生作为样本进行分析。

例如，要研究普通硕士学生的学习压力与他们参加课外活动情况之间的关系。首先将学习压力分为“低（1~2分）”“中（3分）”和“高（4~5分）”三个等级，然后与课外活动参与度（如“低参与度”“中参与度”“高参与度”）进行交叉列表分析。这种方法可以帮助了解不同课外活动参与度的学生在学习压力上的分布情况，为学校提供更有针对性的心理健康和支持服务建议。

表7-2　普通硕士生的性别和满意度（频数）　　单位：名

满意度分组	性别		合计
	男性	女性	
不满意	19	8	27
一般	23	21	44
满意	12	17	29
合计	54	46	100

表7-2显示男生的满意度似乎低于女生。在男性群体里，持满意态度的人数比不满意的人数要少，而女性群体中的情况则完全反过来。要判断这种性别差异是否真的显著，研究人员必须运用后面章节将要详细介绍的统计分析方法来进行科学检验。

7.3.2 相对频数表

由于男、女生人数不同，满意度的频数分布不便于直接比较，因此最好比较其百分比，即男、女生中不同满意度水平学生在各自的样本中所占的比例。所以表中需要显示的是每列的相对频数，即表 7-2 里各单元格中的频数除以其所在列的样本总数（见表 7-3）。

表 7-3　普通硕士生的性别和满意度（相对频数）　　单位:%

满意度分组	性别		合计
	男性	女性	
不满意	35.2	17.4	27.0
一般	42.6	45.6	44.0
满意	22.2	37.0	29.0
样本数	54	46	100.0

表 7-3 更加清楚地显示男生的满意度低于女生。男生中不满意的有 35.2%，而女生仅有 17.4%；男生中满意的仅有 22.2%，而女生达 37.0%。在不分性别的总样本中，不满意和满意的学生比例分别是 27%和 29%，满意的学生比例略高于不满意的学生；其余 44%学生的满意度属于一般。

注意，表 7-3 的相对频数分布是按列计算的。在这个例子中可以把满意度作为因变量，性别作为自变量。制作相对频数表时，一般都是按自变量（这里是性别）分组，然后计算因变量（满意度）在每组中的相对频数分布。

7.4　与列联表有关的统计量

列联表只是直观地列出两个变量之间的联合分布，但并没有准确地显示所观察到的关系在统计学意义上是否显著，以及这种关系的强度。因此，研究人员还需要借助衡量列联表中变量关系强度和显著性的统计量做出判断。通常只有在变量之间的联系具有显著性时，才有必要测量其强度。

7.4.1 显著性检验

卡方统计量（χ^2）（chi-square statistic）是检验列联表中观察到的相关关系是否

具有统计学显著性的常用指标。这一指标可帮助判断两个变量之间的相关关系是否在统计学上显著。在操作卡方检验时，第一步是假设变量之间相互独立。基于这一前提，计算列联表各单元格的预期频数 F_{ij}，再与实际观测频数 f_{ij} 相对比，由此得出 χ^2 值。观测频数与预期频数的差异越大，该统计量的值就越高。这种差异的大小可以反映变量之间相关关系的显著程度。例如，在研究消费者对不同品牌饮料的偏好与年龄组之间的关系时，可以使用卡方检验来判断这种关系是否显著。

χ^2 值的计算公式如下：

$$\chi^2 = \sum [(f_{ij} - F_{ij})^2 / F_{ij}] \tag{7.5}$$

式中，f 和 F，是位于第 i 行和第 j 列的单元格中频数的观察值与预期值。在假设两个变量独立的情况下，

$$F_{ij} = n_i \cdot n_j / n \tag{7.6}$$

式中，n，是第 i 行的样本总数，n，是第 j 列的样本总数，n 是总样本数。

χ^2 的自由度 $df = (r-1)(c-1)$，其中，r 和 c 分别代表列联表的行数和列数。对于表 7－2 中的数据，χ^2 值计算如下：

当计算的 χ^2 值大于相应自由度下的卡方分布临界值时，拒绝两个变量之间没有联系的假设。表 7-2 的自由度为（3-1）×（2-1）＝2，χ^2 值为 4.825，在 0.05 显著水平上的临界值为 5.991，因此不能拒绝满意度与性别无关的假设，说明性别与满意度的联系在 0.05 的显著水平上没有统计上的显著性。

卡方检验的潜在假设为观察值都是独立的，要求列联表中每个单元格的预期频数不小于 5。当表中有单元格的预期频数小于 5 时，不宜进行卡方分析。

7.4.2 关系强度分析

卡方检验是一种判断列联表变量间关系是否在统计学上显著的方法，但无法说明关系的强度。为此，研究人员需要进行关系强度分析。常用的衡量指标有 φ 系数、列联系数 C 和非对称性 λ 系数等，这些指标能进一步量化变量间的关联程度。

例如，在研究大学生对不同社团活动的参与度与专业背景之间的关系时，卡方检验可以判断两者是否存在显著关系，而 φ 系数等指标则能进一步说明这种关系的紧密程度。

φ 系数（phi coefficient）是用于测量 2×2 表格中变量之间联系强度的统计量，其计算公式如下：

$$\varphi = \sqrt{\frac{\chi^2}{n}} \tag{7.7}$$

式中，n 是样本量。从上式可以看出，φ 系数取决于 χ^2 值和样本量之比。当变量之间没有联系时，X^2 值为 0，φ 值也等于 0；当变量之间完全相关时，χ^2 值等于样本量，φ 值为 1。需要注意的是，φ 系数只能用于 2 × 2 表格。

列联系数 C（contingency coefficient C）可用于衡量任意大小的列联表中变量关系的强度，其计算公式为

$$C = \sqrt{\frac{\chi^2}{\chi^2 + n}} \tag{7.8}$$

该系数也取决于 χ^2 值和样本量，取值范围在 0 和 1 之间，但永远无法达到最大值 1。当变量之间没有关系时，χ^2 值为 0，列联系数 C 等于 0；C 的最大值取决于列联表的行数和列数，因此不同大小表格之间的 C 值不具有可比性。

表 7-2 的列联系数为

$$C = \sqrt{\frac{4.825}{4.825 + n}} = 0.215$$

非对称性 λ 系数反映的是，借助自变量信息预测因变量时，与未使用该信息时相比，预测错误减少的百分比，其值介于 0 和 1 之间。λ 为 0 意味着预测未改善，而 λ 为 1 则表示知晓自变量后，对因变量的预测精确无误。需注意，$\lambda=0$ 仅表明自变量信息对提升预测准确率无帮助，不能断定两变量无关。当列联表中的变量无明确的自变量和因变量之分时，可分别将其中一个变量作为因变量，计算对应的非对称性 λ 系数，再取这两个系数的平均值，所得即为对称性 λ 系数。例如，在研究消费者购买行为与年龄组之间的关系时，可以使用非对称性 λ 系数来衡量知晓年龄组信息对预测购买行为准确性的影响。

表 7-2 中当满意度被视作因变量时，非对称性 λ 系数为 0，表明知晓调查对象的性别对于降低满意度预测误差毫无助益。必须重申的是，$\lambda=0$ 并不必然意味着满意度与性别毫无关联，还应结合其他统计量综合判断。

7.4.3 其他衡量关系强度的统计量

卡方检验和之前的关系强度统计量都将变量视为定类尺度，若列联表变量为定序变量，这些统计量便无法充分发挥数据潜力。当两变量皆为定序变量时，研究人员应选用能利用变量排序信息的统计量。

Kendall's tb 和 tc 用于测度两定序变量间关系的强度。tb 适用于行列数相等的方形表格，取值介于 1 和-1 之间，可判断关系强度及方向（正向或负向）。tc 则适合行列数不等的表格，取值范围同样在 1 和-1 之间。

此外，*G* 系数（gamma）可用于任意大小的表格，取值也在 1 和-1 之间，能够有效利用变量的排序信息，适用于分析定序变量间的关系强度。

7.5　常用的统计分析软件

目前广受好评的统计软件包，如社会科学统计软件包（statistical packageforthe social sciences，SPSS）、赛仕软件（statistics analysis system，SAS）、统计分析软件（stata statistical software，stata）等，在描述性统计分析方面表现出色。在频数分布分析方面，常用程序包括 SPSS 的 FREQUENCIES 和 SAS 的 UNIVARIATE；Excel 用户可借助 tools > data analysis 功能计算描述性统计量。对于列联表分析，SPSS 的 CROSSTABS 和 SAS 的 FREQ 是主要程序；Excel 的 data>pivot table 功能同样支持列联表分析。

SPSS 是一款集成数据管理、统计分析、统计绘图及报告撰写功能的综合性软件，在营销研究和数据挖掘等领域应用广泛。以下以 SPSS 为例，简要介绍变量频数分布和列联表分析的操作流程。

在 SPSS 中，描述性统计分析的核心程序为 FREQUENCIES、DESCRIPTIVES 和 CROSSTABS。FREQUENCIES 可生成各变量的频数、百分比、有效百分比及累计百分比列表，并提供反映频数分布特征的统计指标，还能绘制直方图、条形图或饼状图。若需进行频数分析，可在 SPSS 界面中依次点击 analyze>descriptive statistics>frequencies。

当仅需获取简洁的统计量概况，而不愿查看详细的频数分布表时，DESCRIPTIVES 程序是理想选择，操作路径为 analyze > descriptive statistics > descriptives。此外，MEANS 程序可根据自变量对样本分组，并计算各组因变量的均值与标准差。

对于列联表分析，CROSSTABS 是关键程序。它不仅能生成列联表，还能提供单元格的观察值与期望值（包括绝对频数和相对频数），用户可自定义百分比计算基准（总样本、列合计或行合计）。CROSSTABS 还涵盖之前提及的所有显著性检验和相关强度测量统计量，用户可选择单独输出检验和测量结果，而不显示列联表。执行列联表分析的步骤为：在 SPSS 界面中点击 analyze>descriptive statistics>crosstabs。

课后练习

一、概念理解与简答题

1. 频率分布的营销应用：请列举至少三个市场营销研究中可以利用频率分布来分析的问题，并说明频率分布表（如表 7-1）中的“有效百分比”和“累计百分比”在解读这些问题时分别有什么作用。

2. 集中趋势指标的选择：教材中提到“满意度实际上是一个定序变量，因此使用均值可能并不恰当”。请解释为什么对于定序变量，使用均值可能不恰当？在这种情况下，更适合使用哪些集中趋势指标？并说明理由。

3. 均值 vs. 中位数：在分析消费者月均线上购物支出数据时，如果发现均值远大于中位数，这通常说明了什么情况？此时，哪一个指标更能代表典型消费者的支出水平？为什么？

差异性指标的比较：请简述全距、方差和标准差这三个差异性指标的含义，并比较它们在描述数据离散程度方面的优缺点。在比较两组不同单位（例如，一组是销售额，单位是元；另一组是广告点击次数，单位是次）的数据离散程度时，变异系数为什么比标准差更适用？

4. 分布形状指标的意义：偏度和峰度是描述数据分布形状的两个重要指标。请解释什么是正偏（右偏）分布和负偏（左偏）分布，以及峰度值为正、为负和为零时分别代表数据分布曲线的什么特征？这对于理解消费者行为数据有何意义？

5. 列联表的构建目的：为什么在市场营销研究中，仅仅分析单个变量的频率分布往往不够，还需要构建列联表来分析多个变量之间的联合分布？请结合一个国际市场营销的例子加以说明。

6. 相对频数表的解读：在制作和解读双变量列联表的相对频数表（如表 7-3）时，为什么通常要“按自变量分组，然后计算因变量在每组中的相对频数分布”？如果反过来计算（按因变量分组，计算自变量的相对频数），会得到什么不同的信息？

7. 卡方检验的逻辑：卡方检验是如何判断列联表中两个变量之间关系是否具有统计显著性的？其核心逻辑是什么？“预期频数”是如何计算的？

8. 卡方检验的局限性：卡方检验能够告诉我们两个变量之间关系的强度吗？为什么？如果卡方检验结果不显著（例如，表 7-2 中的性别与满意度关系），是否就能断定这两个变量之间完全没有关系？

9. 关系强度指标的选择：在分析列联表时，φ 系数、列联系数 C 和非对称性 λ 系数都是衡量关系强度的指标。请简述它们各自的特点和适用范围。如果列联表中的两个变量都是定序变量（如学历层次与对某奢侈品牌的偏好程度），使用这些指标是否合适？为什么？如果不合适，应考虑使用哪些更合适的统计量？

二、案例分析与操作题

背景资料：一家国际化妆品公司对其在 A 国和 B 国市场推出的新款口红产品进行了消费者调研，收集了以下数据片段（共 200 名受访者，A 国 100 人，B 国 100 人），见表 7-4：

表 7-4 新款口红售卖后消费者意愿调查

受访者 ID	国家	年龄段	对新款口红的评价（1~5 分，5 分最高）	是否愿意推荐给朋友（1=是，0=否）
1	A 国	18~25 岁	4	1
2	A 国	26~35 岁	5	1
3	B 国	18~25 岁	3	0
4	B 国	36~45 岁	4	1
……	……	……	……	……
200	A 国	26~35 岁	3	0

数据汇总（假设）：

①A 国市场（$n=100$）。

对新款口红的评价（1~5 分）：均值=4.2，中位数=4，众数=5，标准差=0.8，偏度=-0.5，峰度=0.2；愿意推荐的比例：70%。

②B 国市场（$n=100$）。

对新款口红的评价（1~5 分）：均值=3.5，中位数=3，众数=3，标准差=1.2，偏度=0.3，峰度=-0.1；愿意推荐的比例：45%。

操作题：

1. 频率分布分析与解读（针对“对新款口红的评价”）。

①请为 A 国市场和 B 国市场分别制作一个假设的“对新款口红的评价”的频率分布表（只需包含评价等级、频数和有效百分比即可，频数可自行合理假设，但需与给出的均值、中位数、众数等指标大致吻合）。

②结合您制作的频率分布表和给出的统计指标（均值、中位数、众数、标准差、偏度、峰度），分别描述A国和B国消费者对新款口红评价的集中趋势、离散程度和分布形状。

③比较A国和B国消费者评价的差异，并尝试从市场营销角度给出可能的解释。

2. 列联表分析（针对“国家”与“是否愿意推荐给朋友”）。

①请根据背景资料中的“愿意推荐的比例”，构建一个2×2的列联表，显示“国家”（A国/B国）与“是否愿意推荐给朋友”（是/否）之间的频数分布。

②计算该列联表的相对频数表（按国家分组）。

③假设通过卡方检验，发现国家与推荐意愿之间的关系在统计上是显著的（χ^2值大于临界值）。接下来，您会选择哪个或哪些关系强度指标来衡量这种关系的强度？为什么？（不需要实际计算，说明选择即可）

④根据您构建的列联表和相对频数表，初步判断哪个国家的消费者更倾向于推荐这款口红？这种差异对该化妆品公司的国际营销策略有何启示？

三、实践与思考题

1. 国际市场数据描述的挑战：假设您正在分析一份包含来自多个不同文化背景国家（例如，美国、日本、巴西）的消费者对某全球快餐连锁品牌满意度的数据（采用5点李克特量表）。在进行描述性统计分析（如计算均值、制作频率分布图）并比较各国差异时，您认为仅仅比较数值上的差异是否足够？还需要考虑哪些潜在的文化因素可能会影响数据的解读？（例如，不同文化对量表中间选项或极端选项的偏好差异）

2. 可视化图表的选择与解读：图7-1使用了直方图来展示总体满意度的频数分布。请思考：在描述性统计分析中，除了直方图，还有哪些常用的可视化图表可以用来展示单一变量的分布特征（如条形图、饼状图、箱线图等）？它们各自适用于什么类型的数据和分析目的？在向非专业人士（如企业管理层）汇报国际市场调研结果时，如何有效地运用这些图表来清晰地呈现数据洞察？

8 方差与协方差分析

方差与协方差分析是一类用于考察两个或多个群组间均值差异的统计方法总称。本章首先探讨单因子方差分析的基本原理；接着讲解多因子方差分析技术、协方差分析方法及其分析结果的正确解释；本章最后部分则简略阐述重复测量方差分析与多元方差分析等相关统计技术的基础知识。

研究两组或多组均值之间差异的各种统计方法被统称为方差和协方差分析。方差分析（analysis of variance，ANOVA）主要应用于验证两个或更多组别均值间是否存在显著差异。最基本的方差分析模型需要包含一个定量型（定距或定比尺度）因变量，以及一个或多个定类型自变量。在方差分析中，自变量通常被称为因子（factor），且必须属于定类变量。特定因子水平或类别的组合被定义为处理（treatment）。

单因子方差分析（one-way analysis of variance）专门用于检验单一因子在不同水平下因变量均值是否显著不同，这种分析仅涉及一个因子。当分析中包含两个或更多因子时，则被称为多因子方差分析（Multi-variant analysis of variance）。举例来说，若研究者不仅想比较性别差异，还想分析不同职业群体和不同学历背景的消费者在支付意愿方面的区别，就需要运用多因子方差分析。当自变量同时包含定类变量和定量变量时，这类分析被称为协方差分析（analysis of covariance，ANCOVA）。例如，在控制收入因素的情况下，比较不同性别、职业和学历群体的支付意愿差异，就需要采用协方差分析。在此情况下，定类自变量（性别、职业和学历）仍作为因子，而定量自变量（收入）则作为协变量（covariate）。

进行方差分析时，数据需要满足以下几个条件：

首先，自变量的类别必须是固定的。这种情况被称为固定效应模型；若样本随机分配到不同类别和处理组中，则应使用随机效应模型；当处理因子为固定而其他因素为随机时，则需应用混合效应模型。

其次，数据需满足正态性与方差齐性假设。因变量的误差应呈正态分布，且与自变量 X 的类别无关，各组间应具有相同的方差。

最后，误差之间应相互独立。如果误差存在相关性，F 值可能会出现严重扭曲。

8.1 单因子方差分析

如上所述，单因子方差分析只涉及一个定类变量或单一因子。营销研究人员经常需要考察因变量在单一因子的各种状态下均值是否有显著差异，例如：

①男女消费者在品牌忠诚度上有显著差异吗?

②各个细分市场的人均产品消费量有显著差异吗?

③顾客对商店的熟悉程度（高、中、低）对购买意愿有什么影响?

④不同的标价方式对购买意愿和购买量是否有显著影响?

研究人员可以通过单因子方差分析来回答上述问题。

进行单因子方差分析的过程包括定义问题、总变差分解、测量作用、显著性检验和解释结果。

8.1.1 定义问题

确定研究问题主要关注如何基于研究目标选择适当的因变量与自变量。以一个实例说明，当我们希望了解不同促销强度对零售店铺销售业绩的影响时，销售业绩（一种定量指标）就成为因变量，而促销强度（划分为高、中、低三个等级的定类指标）则作为自变量。

在方差分析框架中，因变量通常用 Y 符号表示，自变量则用 X 符号表示。X 作为定类变量，总共包含 c 个类别，每个 X 类别下包含 n 个 Y 的观测数据。如单因子方差分析的变差分解所示，X 的每个类别包含的样本数为 n，总体样本规模为 $N = n \times c$。为简化说明，我们在此假设各 X 类别中的样本量相同，但在实际应用中这并非必要条件。

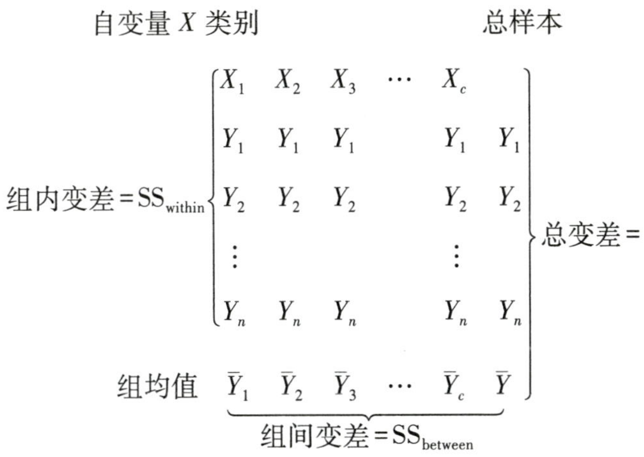

8.1.2 总变差分解

在单因子方差分析中，需要对因变量的观测值进行总变差分解（decomposition of the total variation）。因变量 Y 的总变差指各观测值与总体样本均值之差的平方和，用 SS_Y 表示，可分为两个主要部分：

$$SS_Y = SS_{between} + SS_{within} \tag{8.1}$$

其中，$SS_{between}$代表 Y 的总变差中与 X 各分组均值间差异相关的部分，反映了 Y 在 X 不同组别之间的变异情况，这部分变异与因子 X 直接相关，因此 $SS_{between}$ 也可记为 SS_X。SS_{within}则表示 Y 的总变差中与 X 各组内部差异有关的成分，这部分变异并非由 X 导致，故也被称为 SS_{error}或残差项。因此，Y 的总变差可被分解如下：

$$SS_Y = SS_YX + SS_{error} \tag{8.2}$$

$$SS_Y = \sum_{i=1}^{N} (Y_i - \bar{Y})^2 \tag{8.3}$$

$$SS_X = \sum_{J=1}^{c} (\bar{Y}_j - \bar{Y})^2 \tag{8.4}$$

$$SS_{error} = \sum_{j=1}^{c} \sum_{i=1}^{n} (Y_{ij} - \bar{Y})^2 \tag{8.5}$$

其中，Y_i 代表整体样本中第 i 个观测数据，Y_{ij} 表示第 j 组中的第 i 个观测值，Y_j 指第 j 组的平均值，而 Y 则表示全部样本的均值。

8.1.3 测量作用

X 对 Y 的影响可通过 SS_X 进行量化测定。要衡量 X 对 Y 的影响强度，可应用下列计算公式：

$$\eta^2 = \frac{SS_X}{SS_Y} = \frac{(SS_Y - SS_{error})}{SS_Y} \tag{8.6}$$

其中，η^2 数值的变化范围在0至1。当各组均值完全相同时，η^2 等于0，这表明 X 对 Y 没有任何影响；而当 Y 在各组内部完全无差异但组间存在明显差异时，η^2 值达到1。因此，η^2 实际上反映了因变量 Y 的总变异中能被自变量 X 所解释的比例部分。

8.1.4 显著性检验

在单因子方差分析中，零假设表述为各因子水平组的因变量均值没有差异，即：

$$H_0: \mu_1 = \mu_2 = \mu_3 = \cdots = \mu.$$

当零假设成立时，因变量 Y 的总体方差可以通过两种不同方式进行估计：既可基于组间变差计算，也可根据组内变差推算。因此，Y 总体方差的估计值可表示为

$$S_Y^2 = \frac{SS_X}{(c-1)} = \text{归因于 } X \text{ 的均方} = MS_X$$

或

$$S_Y^2 = \frac{SS_{error}}{(N-c)} = \text{归因于误差的均方} = MS_{error}$$

上述两个估计量的比值为 F 统计量：

$$F = \frac{SS_X/(c-1)}{SS_{error}/(N-c)} = \frac{MS_X}{MS_{error}} \tag{8.7}$$

该统计量服从 F 分布，其中分子的自由度为$(c-1)$，分母的自由度则为$(N-c)$。

8.1.5 解释结果

当自变量产生显著影响时，归因于 X 的均方将大于归因于误差的均方。如果计算得出的 F 值超过特定置信水平下的临界阈值，我们便可拒绝“各组均值相等”的零假设，转而接受“自变量对因变量具有显著影响”的备择假设；反之，若 F 值未超过临界值，则无法拒绝零假设，需承认自变量的影响并不具有统计显著性。

通过进一步对各组均值进行比较分析，我们可以更清晰地揭示自变量 X 对因变量 Y 影响的具体特征。

例 8-1：

店铺促销活动对销售业绩的影响研究

某连锁零售企业为评估不同程度促销活动如何影响销售业绩，设计并执行了一项实验研究：将旗下 30 家门店随机划分为三个等量组别，分别实施强度不同（高、中、低）的促销措施，并对各门店的销售金额进行了为期一个月的数据跟踪监测。

表 8-1 展示了三组门店的平均销售额统计结果。

表 8-1　不同促销组的平均月销售额

促销水平	商店数/家	月均销售额/万元
高	10	830
中	10	620
低	10	370
合计	30	1 820

从表 8-1 的数据可以观察到，促销力度越大的门店组别，其销售额表现也越突出。要判断促销强度与销售业绩之间的这种关联是否具有统计学意义，需要通过单因子方差分析方法进行验证，分析结果已在表 8-2 中详细呈现。

表 8-2　月均销售额的方差分析

方差分解	SS	df	MS	*F* 值	显著概率
SS_X	1 060 670	2	530 335	17.943	0.000
SS_{error}	798 000	27	29 556		
SS_Y	1 858 670	29	64 092		

根据表 8-2：

$SS_Y = SS_X + SS_{error} = 1\ 060\ 670 + 798\ 000 = 1\ 858\ 670$

$MS_X = 1\ 060\ 670/2 = 530\ 335$

$MS = 798\ 000/27 \approx 29\ 556$

X 对 Y 作用的强度测量如下：

$$\eta^2 = \frac{SS_X}{SS_Y} = 1\ 060\ 670/1\ 858\ 670 \approx 0.571$$

在总体销售额（Y）的变异中，有 57.1% 可以归因于不同促销强度（X）的影响，这一较高比例清晰地表明促销策略对销售成果产生了显著作用。

促销活动效果是否具有统计学意义，可通过 F 检验的数值结果进行科学判定：

$$F=\frac{SS_X/(c-1)}{SS_{error}/(N-c)}=\frac{MS_X}{MS_{error}}=530\ 335/29\ 556\approx 17.943$$

当F分布的分子自由度为2且分母自由度为27时，在显著性水平$\alpha=0.05$的条件下，其临界值为3.35。由于计算所得F值远超此临界标准，我们必须拒绝“各组均值无差异”的原假设。因此可以明确断定，采用不同促销强度的门店在月平均销售业绩上存在统计学意义上的显著差别。观察这三组数据的均值大小关系可以发现，更高强度的促销活动确实带来了更高的销售收入，这一结果凸显了门店促销工作的重要战略价值。

8.2 多因子协方差分析

单因子方差分析仅包含一个定类自变量。然而，在营销领域的研究实践中，研究者往往需要处理多个定类变量或定量变量作为自变量的情况，这种情况下则需要采用多因子方差分析或协方差分析技术。

8.2.1 多因子方差分析

在市场营销研究领域中常需要同时分析多个因素对目标变量的影响，例如：

广告投入强度与产品定价水平如何共同作用于商品销量？

消费者的教育背景、职业类型及年龄段是否对品牌态度产生显著不同影响？

不同性别的受试者对功能型和情感型两种广告诉求方式的反应是否存在明显差异？

针对这类问题，研究者可运用多因子方差分析方法，以检验各因素对因变量的主效应及它们之间的交互效应。交互作用（interactions）指的是一个因子对因变量的影响程度会随着另一个因子水平（类别）的变化而改变。多因子方差分析的实施步骤与单因子方差分析基本相似。以下通过两个因子X_1和X_2的情况进行说明。

假设X_1和X_2分别含有c_1和c_2个类别，则总变差可以按以下方式进行分解：

$$SS_Y=SS_{X_1}+SS_{X_2}+SS_{X_1X_2}+SS_{error} \tag{8.8}$$

在此公式中，SS_{X_1}和SS_{X_2}分别代表归因于X_1和X_2主效应的变差部分，$SS_{X_1X_2}$表示由X_1与X_2交互效应产生的变差，而SS_{error}则为残差项。

当Y在X_1各组间的均值差异程度越大时，SS_{X_1}值也越大，这表明X_1的影响作用越显著；同样的原理也适用于 X_2；而 $SS_{X_1X_2}$ 值越大，则意味着 X_1 与 X_2 之间的交互作用越强。如果 X_1 和 X_2 的影响是完全独立的，那么 $SS_{X_1X_2}$ 将趋近于0。

两因子共同产生的影响强度被称为总效应（overall effect），也叫多重 η^2，其计算方法如下：

$$\text{多重 } \eta^2 = \frac{(SS_{X_1} + SS_{X_2} + SS_{X_1X_2})}{SS_Y} \tag{8.9}$$

总效应的显著性可以用 F 检验来检验，其计算公式如下：

$$F = \frac{(SS_{X_1} + SS_{X_2} + SS_{X_1X_2})/df_n}{SS_{error}/df_d} = \frac{SS_{X_1 \cdot X_2 \cdot X_1X_2}/df_n}{SS_{error}/df_d} = \frac{MS_{X_1 \cdot X_2 \cdot X_1X_2}}{MS_{error}} \tag{8.10}$$

$$df_n = \text{分子自由度} = (c_1 - 1) + (c_2 - 1) + (c_1 - 1)(c_2 - 1)$$

$$df_4 = \text{分母自由度} = N - c_1C_2$$

$$MS = \text{均方}$$

当总效应显著时，需进一步检验交互效应（interaction effect）的显著性，其相应的 F 统计量为：

$$F = \frac{SS_{X_1X_2}/df_n}{SS_{error}/df_d} = \frac{MS_{X_1X_2}}{MS_{error}} \tag{8.11}$$

$$df, = (c_1 - 1)(c_2 - 1) \quad df = N - c_1C_2$$

当交互效应达到显著水平时，X_1 对因变量的影响会随 X_2 不同水平而变化，同样，X_2 的影响程度也会因 X_1 的不同类别而发生改变。若交互效应未达到统计显著性，则对各因子主效应（main effect）的检验就变得尤为重要和必要。

以 X_1 为例，其主效应的显著性检验如下：

$$F = \frac{SS_{X_1}/df_n}{SS_{error}/df_d} = \frac{MS_{X_1}}{MS_{error}} \tag{8.12}$$

$$df_n = c_1 - 1$$

$$df_d = N - c_1C_2$$

8.2.2 协方差分析

在研究某一特定自变量（或自变量组合）对因变量的影响时，研究者通常需要控制其他相关变量以消除干扰因素。例如：在对比不同性别、不同年龄段消费者购买特定产品数量的差异时，需要将收入因素纳入考量。

当评估不同广告诉求类型对品牌评价的影响效果时，研究者有必要控制受试者对该品牌已形成的既有态度。研究收入水平差异如何影响食品消费量时，家庭成员数量是一个不可忽视的重要因素。

协方差分析（analysis of covariance）提供了一种有效方法，能够帮助研究者控制其他相关变量对因变量的干扰作用，从而更精确地估计目标自变量的实际影响。这种分析方法至少需要包含一个定类自变量（被称为因子）和一个定量自变量（被称为协变量）。研究者主要关注的是因子的效应，因此需要先剔除协变量导致的因变量变异部分，再对调整后的数据进行标准方差分析。研究者可通过 F 检验来判断单个协变量的影响及其组合效应是否具有统计显著性，并能根据协变量的系数来确定协变量对因变量的具体影响方式。

8.3 方差分析结果的解读

方差分析结果的解读涉及多个需要注意的问题，本节将集中讨论三个核心方面：交互效应的判断、不同因子的相对重要程度以及多重比较的应用原则。

8.3.1 交互效应

当分析包含两个或更多因子的方差时，可能会出现多种类型的交互效应模式（如图 8-3 所示）。

方差分析结果可能表明变量间不存在显著交互效应（见图 8-3 例 1），也可能显示存在统计显著的交互关系。当自变量之间呈现显著交互效应时，这种交互可分为同序或非同序两种基本类型。同序交互效应（ordinal interaction）特点是一个因子的影响方向不会随另一因子水平的变化而改变（见图 8-3 例 2）。而在非同序交互效应（disordinal interaction）中，一个因子的影响方向会因另一因子水平的不同而发生变化。非同序交互效应还可进一步细分为非交叉型（见图 8-3 例 3）和交叉型（见图 8-3 例 4）两种具体形式。

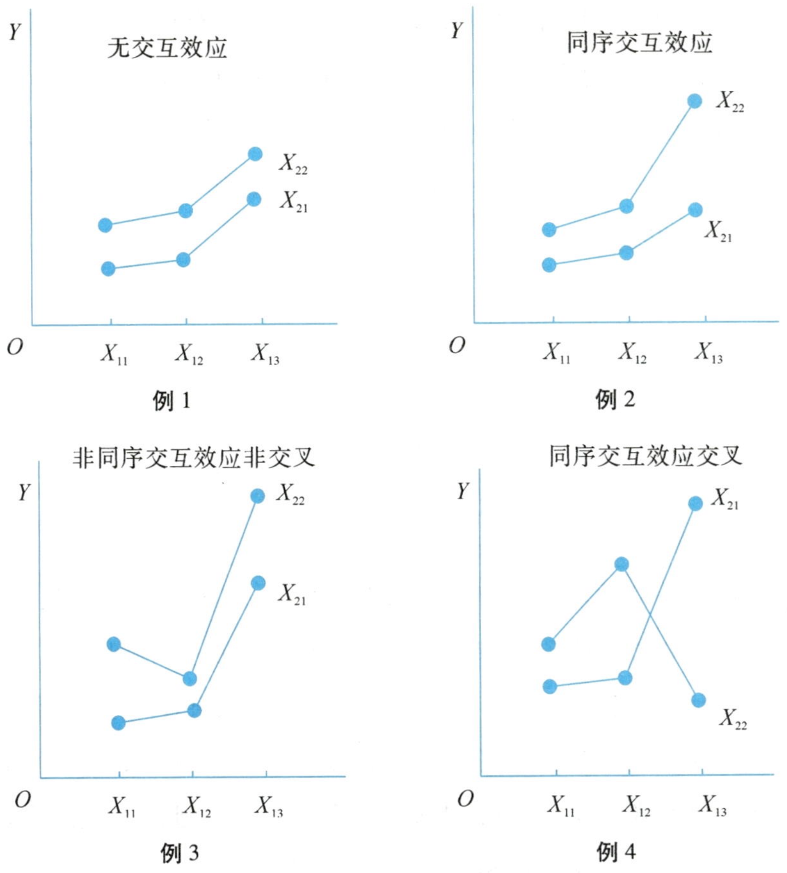

图 8-3　交互效应的形式

8.3.2　因子的相对重要性

通过测算各因子能够解释的因变量变异部分，研究者可以明确判断不同因子的相对重要程度。在方差分析中，最广泛采用的衡量指标是 ω^2，它反映了因变量总变异中有多大比例可归因于特定自变量或因子的影响。计算因子 X 相对贡献度的公式如下：

$$\omega^2 = \frac{SS_X - (df_X \times MS_{error})}{SS_{total} + MS_{error}} \tag{8.13}$$

当 ω^2 值超过 0.15 时，表明该因子具有强烈影响力；ω^2 值约为 0.06 时，代表中等程度的影响；而 ω^2 值仅为 0.01 时，则表明因子作用较弱①。需要强调的是，评估因子影响力大小的前提条件是该因子已通过统计显著性检验。

8.3.3　多重比较

F 检验仅能验证均值的整体差异性。当拒绝"均值相等"的零假设时，这只说

① 纳雷希·马尔霍特拉. 营销调研：应用导向［M］. 涂平，译. 6 版. 北京：中国人民大学出版社，2014：420.

明并非所有组别的均值都相同，但未能指明具体哪些组间存在差异。若研究者需要精确了解特定组别之间的均值差异，则必须采用适当的多重对比检验方法（multiple comparison test），以获取各处理组均值两两比较的统计置信水平。常用的多重比较方法包括最小显著差异法、Student-Newman-Keuls 检验、Tukey 交替程序、真实显著差异检验以及 Scheffe 检验等。

8.4 重复测量的方差分析和多元方差分析

8.4.1 重复测量的方差分析

前述方差分析方法均基于每个研究对象仅接受单一实验处理的假设，然而在实际研究中，受试者可能需要接受一系列不同的实验刺激，在这种情况下就需要使用重复测量方差分析技术。例如，当评估不同广告版本的传播效果时，为了提高研究效率和节约样本资源，研究者可能会要求同一批被试评价所有广告版本，而非仅评价其中一种。由于每位调查对象需要提供多次重复的评价数据，处理此类信息需采用重复测量方差分析（repeated measures analysis of variance）方法。

在单因子情况下，重复测量的总变异自由度为 nc-1，可划分为个体间（between people）变异和个体内（within people）变异两个主要部分，如下面重复测量方差分析的总变异分解所示。

$$SS_{total}=SS_{between\ people}+SS_{wihin\ people} \tag{8.14}$$

自变量 X 类别

对象号	X_1	X_2	X_3	$\cdots$	X_c	总样本
1	Y_{11}	Y_{12}	Y_{13}		Y_{1c}	Y_1
2	Y_{21}	Y_{22}	Y_{23}		Y_{2c}	Y_2
$\vdots$	$\vdots$	$\vdots$				
n	Y_{n1}	Y_{n2}	Y_{n3}		Y_{nc}	Y_n
组均值	$\bar{Y}_1$	$\bar{Y}_2$	$\bar{Y}_3$	$\cdots$	$\bar{Y}_c$	$\bar{Y}$

个体间变差 $=SS_{between\ people}$（各行）；全部数据 SS_{total}

个体内变差 $=SS_{wihin\ people}$（各列）

个体间变差反映了不同研究对象平均表现之间的差异，其自由度为 $n-1$；而个体内变差的自由度则为 $n(c-1)$。个体内变差可进一步细分为两个组成部分：一部分源自不同处理条件均值间的差异，另一部分则来自残差或误差变异。处理变差的自由度为 $c-1$，残差变差的自由度则为 $(c-1)(n-1)$。因此：

$$SS_{\text{wihin people}}=SS_X+SS_{\text{error}} \tag{8.15}$$

对于组均值是否相等的零假设，其检验方法如下：

$$F=\frac{SS_X/(c-1)}{SS_{\text{error}}/(n-1)(c-1)}=\frac{MS_X}{MS_{\text{error}}} \tag{8.16}$$

该 F 值的自由度为 $c-1$，$(c-1)(n-1)$。

8.4.2 多元方差分析

多元方差分析（multivariate analysis of variance，MANOVA），也称多因变量方差分析，其基本原理与普通方差分析相似，但区别在于它同时考察两个或多个定量因变量。这种分析方法旨在同时检验多个因变量在不同组别间是否存在显著差异。多元方差分析特别适用于那些包含多个相互关联因变量的研究情境；若各因变量之间不存在相关性，则针对每个因变量单独进行方差分析会比采用多元方差分析更为合理。

举例说明：假设研究者设计了一项实验，将受试者分为三组，每组观看一种不同版本的笔记本电脑广告。观看后，要求所有受试者对其所观看的广告内容、笔记本电脑产品以及品牌进行评分。由于实验中存在三个彼此关联的因变量，研究者需要运用多变量方差分析来确定哪一版广告最具效果（即哪个广告在所有三项评价指标上获得最佳评分）。

8.5 常用的统计分析软件

正如上一节例子所示，当研究涉及多个相互关联的因变量时（如对广告、产品、品牌的多维度评价），其背后的统计计算会变得极为复杂。手动完成这类多变量方差分析几乎是不可能的。

因此，在现代市场研究中，我们必须依赖专业的统计分析软件来高效、准确地执行这些任务。市场上常见的统计分析软件，如社会科学统计软件包（statistical packageforthe social sciences，SPSS）、赛仕软件（statistics analysis system，SAS）、统计分析软件（stata statistical software，stata）等，均能执行各类方差和协方差分析，而Excel也提供了部分基础的方差分析功能。下面以SPSS为例，简要介绍该软件进行各类方差分析的操作步骤。

对于单因子方差分析，研究者可利用SPSS中的compare means模块下的one-way anova功能，该功能还支持事前和事后对比检验。若需执行多因子方差分析，研究者则可选用anova程序。当研究者需要进行更全面的方差与协方差分析，包括重复测量方差分析或多元方差分析时，manova程序是合适的选择。针对非定量数据的方差分析，研究者则应当使用npar tests程序。

具体操作路径如下：

要进行单因子方差分析，在SPSS界面中依次选择：analyze > compare means > one-way ANOVA...

若需执行更复杂的分析，请按以下路径操作：

多因子方差分析或协方差分析：analyze > general linear models > univariate...

多元方差分析：analyze > general linear models > multivariate...

重复测量方差分析：analyze > general linear models > repeated measures...

课后练习

一、概念理解与简答题

1. 方差分析的基本原理：请简述方差分析（ANOVA）的基本思想是什么？它通过比较什么来判断不同组别均值之间是否存在显著差异？

2. 方差分析的术语解释：

①在方差分析中，“因子（factor）”和“处理（treatment）”分别指什么？请举例说明。

②什么是“固定效应模型”“随机效应模型”和“混合效应模型”？它们各自适用于什么情况？

3. 方差分析的前提条件：进行方差分析时，数据需要满足哪些基本假设条件？如果这些条件不满足，可能会对分析结果产生什么影响？

4. 单因子方差分析的应用：请列举至少三个国际市场营销研究中可以使用单因子方差分析来解决的问题，并明确指出每个问题中的因变量和自变量（因子）。

5. 总变差分解的意义：在单因子方差分析中，因变量Y的总变差（SS_Y）可以分解为哪两个主要部分？这两个部分各自代表什么含义？（$SS_{between}/SS_X$ 和 SS_{within}/SS_{error}）

6. 效应量η^2的解读：统计量η^2在方差分析中衡量的是什么？其取值范围和解释方式是怎样的？如果η^2的值很小但F检验显著，应如何解读？

7. F检验的逻辑与零假设：方差分析中的F检验是如何工作的？其零假设是什么？如果F检验结果显著（例如，$p < 0.05$），这说明了什么？

8. 多因子方差分析与交互效应：

①与单因子方差分析相比，多因子方差分析主要能解决什么更复杂的问题？

②什么是"主效应（main effect）"和"交互效应（interaction effect）"？请结合一个营销情境举例说明。

③在解释多因子方差分析结果时，为什么通常需要先关注交互效应是否显著？

9. 协方差分析（ANCOVA）的作用：什么是协方差分析？它与普通方差分析的主要区别是什么？在什么情况下需要使用协方差分析？请举例说明其在市场营销研究中的应用。

10. 多重比较的必要性：如果方差分析的F检验结果显著，表明各组均值之间存在显著差异，为什么还需要进行多重比较（post hoc tests）？常用的多重比较方法有哪些（列举至少三种）？

二、案例分析与结果解读题

案例1：不同国家市场对广告语的偏好差异

一家跨国饮料公司针对其新款能量饮料，设计了三种不同风格的广告语（A：强调功能性；B：强调情感连接；C：强调时尚潮流）。该公司在三个主要目标市场国家（X国、Y国、Z国）分别对当地消费者进行了广告语偏好度测试，偏好度采用7点李克特量表进行测量（1=非常不喜欢，7=非常喜欢）。

假设的单因子方差分析结果（以广告语风格为因子，偏好度为因变量，分别在各国进行分析）：

①X国市场。

广告语A均值=5.8，广告语B均值=4.2，广告语C均值=4.5；

F统计量 = 8.76，p = 0.002（显著）；

η^2 = 0.23。

②Y 国市场。

广告语 A 均值=4.1，广告语 B 均值=5.5，广告语 C 均值=5.2；

F 统计量 = 7.92，p = 0.003（显著）；

η^2= 0.21。

③Z 国市场。

广告语 A 均值=4.8，广告语 B 均值=4.6，广告语 C 均值=4.9；

F 统计量 = 0.53，p = 0.591（不显著）。

问题 1.1（单因子方差分析结果解读）：

①请分别解读 X 国、Y 国和 Z 国市场中，不同广告语风格对消费者偏好度的影响是否显著？依据是什么？

②对于结果显著的市场（X 国和 Y 国），η^2 的值说明了什么？

③结合均值，初步判断在 X 国和 Y 国市场，哪种广告语风格最受欢迎？

④Z 国市场的 F 检验结果不显著，这意味着什么？

问题 1.2（多重比较的应用）：

①对于 X 国和 Y 国市场，由于 F 检验结果显著，研究者接下来应该做什么来进一步了解具体哪些广告语风格之间存在显著差异？

②如果 X 国市场的多重比较结果显示：A 显著优于 B 和 C，B 和 C 之间无显著差异。这对该公司在 X 国市场的广告策略有何启示？

三、思考与应用题

1. 国际市场营销中的方差分析应用：

假设一家中国手机品牌计划进入欧洲市场，他们希望了解不同国家（如德国、法国、英国）的消费者对手机“摄像头性能”的重视程度是否存在显著差异。

①请设计一个简单的研究方案，说明如何运用单因子方差分析来回答这个问题（明确因子、水平、因变量和测量方法）。

②如果除了国家差异，他们还想同时考察不同年龄段（青年、中年、老年）的消费者对摄像头性能重视程度的差异，以及国家和年龄段之间可能存在的交互影响，应该采用哪种方差分析方法？

2. 协变量在国际广告效果评估中的作用：

一家公司在全球不同市场投放了相同的电视广告，并收集了各地消费者对广告投放后的品牌态度数据。他们发现，在 A 市场，广告投放后的品牌态度显著高于 B 市场。然而，他们了解到A市场的消费者在广告投放前对该品牌的初始好感度就普遍高于B市场。

①在这种情况下，如果直接比较A、B两市场广告投放后的品牌态度均值，可能会得出什么不准确的结论？

②如何利用协方差分析来更准确地评估投放广告在A、B两市场的真实效果差异？在这个分析中，什么是因子？什么是协变量？什么是因变量？

9 相关回归分析

前章所述列联表分析方法主要应用于探究两个定性变量间的关联性，但在实际研究与业务环境中，研究者经常需要探索定量变量之间的关系模式。例如，我们可能关注消费者的年龄结构、教育水平年限、家庭收入与其产品接受度及购买数量之间的关联；或者需要分析价格策略、广告投入、促销力度等营销组合要素与产品销售量和市场占有率之间的互动关系。本章将详细介绍分析定量变量间关系的最基本且应用最广泛的统计方法——相关回归分析。

9.1 相关分析

相关分析（correlation analysis）是衡量两个变量间关系强度与方向的最常用统计技术。在营销研究领域，研究者经常需要判断两个定量变量之间关联的紧密程度及其方向性，以解答如下类型问题：

①产品价格变动与销售量变化之间的关系，即所谓的价格弹性；

②企业促销投入强度、广告费用支出与销售收入增长之间的关联，也就是营销投入的回报率；

③搜索引擎关键词广告定价与其实际效果（包括展示次数、点击率、最终购买转化量）之间的对应关系；

④消费者对不同产品类别购买行为之间的关联程度；

⑤不同消费者个体之间的相似度水平。

9.1.1 皮尔逊相关系数

当研究中的两个变量均属于定距尺度或定比尺度时，研究者可采用皮尔逊相关系数（pearson correlation coefficient）来测量它们之间的线性关联程度。这一统计指标最初由统计学家卡尔·皮尔逊创立，专门用于描述两个定量变量 X 和 Y 之间线性关系的强度，因此也被称为简单相关系数（simple correlation coefficient）。

假设样本量为 n，研究变量为 X 和 Y，则皮尔逊相关系数 r 的计算公式如下：

设样本数=n，变量为 X 和 Y，皮尔逊相关系数 r 的计算公式为

$$r = \frac{\sum_{i=1}^{n}(X_i - \bar{X})(Y_i - \bar{Y})}{\sqrt{\sum_{i=1}^{n}(X_i - \bar{X})^2 \sum_{i=1}^{n}(Y_i - \bar{Y})^2}} = \frac{\mathrm{Cov}_{xy}}{S_X S_Y} \tag{9.1}$$

在此公式中，X 和 Y 分别代表变量 X 和 Y 的样本平均值；S_X 与 S_Y 表示 X 和 Y 的标准差；Cov_{xy} 则表示 X 与 Y 之间的协方差（covariance）。相关系数 r 的数值范围限定在 -1 到+1 之间。当 X 与 Y 呈现正向关联时，r_{xy} 为正值；而当它们呈现负向关联时，r_{xy} 则为负值。

皮尔逊相关系数的平方值 r^2 反映了因变量 Y 总方差中能够被自变量 X 所解释的比例部分，即：

$$r^2 = \frac{\text{被 } X \text{ 解释的 } Y \text{ 的方差}}{Y \text{ 的总方差}} = \frac{SS_X}{SS_Y} \tag{9.2}$$

在该式中，SS_X 表示可归因于变量 X 解释的 Y 离均差平方和，而 SS_Y 代表 Y 的全部离均差平方和。由此可见，r^2 实际上衡量的是一个变量的变异有多大比例能够被另一变量所解释。

9.1.2 简单相关系数的特点

简单相关系数具备以下几个重要特性：

① 相关系数 r 及其平方 r^2 都具有对称性，也就是说 r_{xy} 与 r_{yx} 完全相等；

② 这类相关系数仅能衡量变量间的线性关联强度，无法测量非线性关系模式，因此当 $r = 0$ 时，只能断定 X 与 Y 之间不存在线性相关性，而不能推断它们完全不相关。

要判断相关系数 r 所测量的两变量关系是否具有统计显著性，可使用以下 t 检验统计量：

$$t = r\left[\frac{n-2}{1-r^2}\right]^{1/2} \tag{9.3}$$

此检验统计量遵循 t 分布规律，其自由度为 $n-2$。当样本规模较大时，该 t 值趋近于标准正态分布。

相关系数 r 不仅能帮助研究者判断两变量间关联的强度、方向性及其统计显著性，而且各对变量之间的简单相关系数对后续深入分析也有重要价值，比如在进行回归分析时，它能辅助研究者选择最合适的自变量组合。

9.1.3 非定量变量的相关分析

皮尔逊相关系数专门用于测量两个定量变量之间的线性关联程度。然而，在市场营销研究中常出现许多以定类或定序尺度测量的变量。这类非定量变量不具备定距或定比尺度的特性，也不符合正态分布假设，因此不适合使用简单相关系数进行分析。

当研究变量属于定序类型时，研究者可计算斯皮尔曼等级相关系数（spearman's ρ）或肯德尔等级相关系数（kendall's τ）。这两种统计指标主要衡量变量间相对排序关系而非绝对数值之间的关联性，其数值同样在-1 到+1 范围内变动。特别是当数据中含有大量并列等级值时，肯德尔等级相关系数往往能提供更准确的结果。现代统计软件可轻松完成这些相关系数的计算，有兴趣深入了解的读者可查阅相关统计学专著，此处不再详述。

9.2 回归分析的基本概念

线性回归分析（linear regression analysis）从广义角度可定义为一种研究单一因变量与一个或多个自变量之间线性关联关系的统计方法。作为营销研究领域应用最为广泛的统计分析技术之一，回归分析在实证研究中占据着核心地位。

9.2.1 目的与用途

线性回归分析旨在实现以下几个研究目标：

①确定因变量是否与自变量存在关联关系；

②评估因变量与自变量之间关联的强度及其方向性；

③基于自变量信息对因变量值进行预测推断；

④在控制其他相关变量的情况下，评估特定自变量的独立影响效果。

在营销研究实践中，回归分析主要应用于以下领域：

①测算各类营销要素对目标指标的影响程度，如分析广告投放、价格策略、促销活动等因素对产品销量、市场占有率及品牌形象的具体影响。

②探究影响消费者认知、态度和行为的关键因素，例如分析哪些变量显著影响消费者满意度与忠诚度。

③商业选址决策支持，如通过分析商圈人口密度、居民收入水平、区域交通流量以及商业发展成熟度等因素，预估各候选地点的潜在销售收入与盈利能力。

④市场容量预测，如根据不同地域的人口规模特征、人口构成、经济发展水准及自然环境条件等变量，对产品潜在市场规模进行科学预测。

9.2.2 基本假设

为正确应用线性回归分析方法，研究者必须了解其基础理论假设：

①线性关系假设——自变量 X 与因变量 Y 之间存在线性函数关系；

②误差独立性假设——因变量 Y 的各误差项之间不存在相关性；

③正态分布假设——当 X 固定在特定值时，Y 的条件分布遵循正态分布规律；

④方差同质性假设——Y 的方差在 X 的不同取值下保持恒定不变。

在实际研究中，许多数据集并不完全符合上述理想假设，这可能导致回归系数估计值出现偏差及显著性检验结果失真。当数据违背这些基本假设时，可采取以下应对策略：

①线性化处理——将非线性关系转换为线性形式，例如对 Y 进行对数变换等；

②分布对称化——针对偏态分布进行矫正，如对正偏分布变量取对数，对负偏分布变量取平方；

③方差稳定化——当 Y 的方差与均值成正比关系时，可对 Y 取平方根或对数变换。

值得特别强调的是，回归分析中因变量与自变量的界定完全基于研究需求和变量间数学关系的人为设定，并不必然反映变量间的真实因果关系。回归分析主要探究变量之间关联的强度和特征，但仅凭回归结果本身不足以证实变量间存在确定的因果联系。

9.3 简单回归分析

简单回归分析（simple regression），又称二元回归（bivariate regression），是一种仅包含单一因变量与单一自变量的基础回归模型。

9.3.1 简单回归模型

简单回归模型可以用下式表达：

$$Y = \beta_0 + \beta_1 X + e \tag{9.4}$$

式中，Y是因变量，X是自变量（也叫预测变量或解释变量），e 为 Y的随机误差项；β_0 和$\beta 1$ 分别为回归方程的截距和斜率。

通常用 Y 表示 Y 的估计值，其计算公式为：

$$Y = a + bx \tag{9.5}$$

式中，a 和 b 分别为βo 和$\beta 1$ 的估计值，可以用下列公式估算：

$$b = \mathrm{Cov},\ S^2 = ryS_r/S_X \tag{9.6}$$

$$a = Y - bX$$

式中，Cov_{xy} 是X和Y的协方差，ry 是 X和Y的相关系数，S_Y是 Y的标准差，S_X是X的标准差，X 和 Y 分别为 X 和 Y 的样本均值。

9.3.2 分析步骤

实施简单回归分析通常遵循七个基本步骤：

①创建自变量 X 与因变量 Y 的散点图；

②对研究变量进行初步数据检验；

③确定适当的模型数学形式；

④计算并估算模型参数值；

⑤执行统计显著性检验；

⑥评估模型的整体拟合度；

⑦验证回归基本假设条件是否满足。

以某银行 200 名员工的年薪与教育年限数据为例，下面详细说明简单线性回归的实施过程。

（1）绘制 X 与 Y 的散点分布图。

散点分布图是将两变量观测值以因变量为纵坐标、自变量为横坐标方式呈现的图形，它有助于初步判断变量间关系模式并识别潜在异常点。图 9-1 展示了年薪（salary）与受教育年限（educ）的散点分布情况。从图 9-1 中可明显观察到：员工年薪随教育年限增长而逐步提高，两者关系呈现较为明显的线性趋势；样本中员工的最低教育程度为 12 年（相当于高中学历），最高达到 21 年（可能对应博士学位）；即使教育水平相同的员工之间，年薪也存在较大差异；图 9-1 中还显示了高学历员工的实际薪资水平似乎低于预期表现。

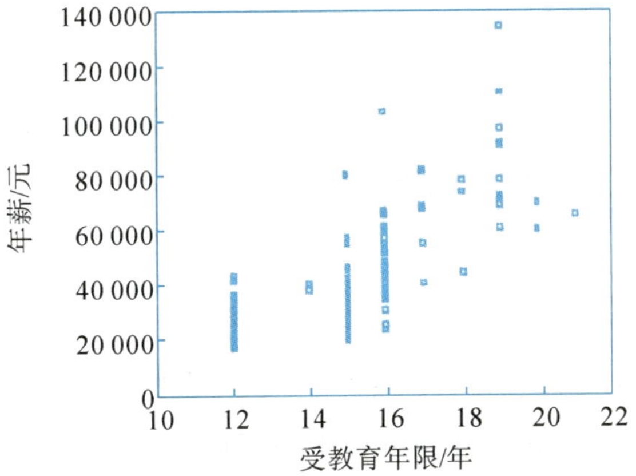

图 9-1　年薪与受教育年限的散点图

（2）实施变量的初步数据检验。

初期检验结果显示，因变量 salary 呈现明显的右偏分布特征，这与回归分析要求的正态分布假设不符（如图 9-2 所示）。因此，研究者需要对该变量执行对数变换处理，以使其分布形态更接近正态分布要求。

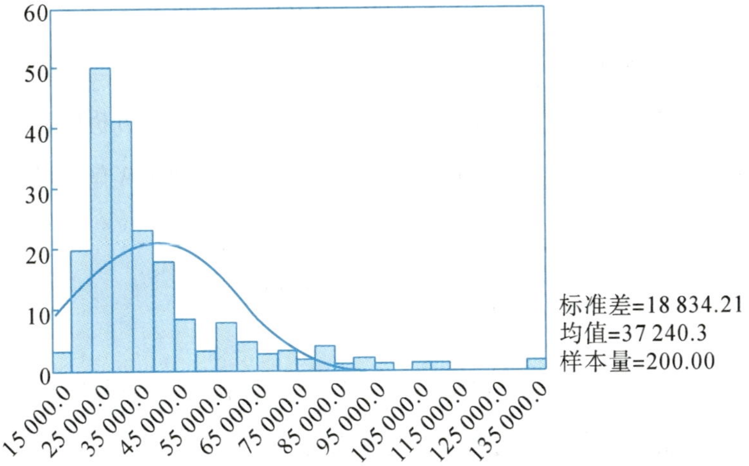

图 9-2　年薪的频数分布

（3）确定模型的形式。

根据前面的分析，将回归模型确定为

$$Y = a + bX \tag{9.7}$$

式中，$Y = \log$（salary），是经过对数转换后的年薪；X = 受教育年限。

（4）估计模型的参数。本案例中线性回归方程的截距 a 与斜率 b 可通过前述公式计算得出：

$b = r_x，S_Y/S_X = 0.761 \times (0.177/2.213) = 0.061$

$a = Y - b_X = 4.53 - 0.061 \times 14.29 = 3.66$

（5）进行显著性检验。

可采用 t 检验评估 X 与 Y 之间线性关系的统计显著性。当零假设设定为 X 与 Y 间不存在线性关系（即 $\beta_1 = 0$）时，t 统计量计算公式为

$$t = b/S_b \tag{9.8}$$

其中 S_b 代表回归系数 b 的标准误差，t 值的自由度为 $n-2$。由于本例样本规模较大，t 分布近似于正态分布。计算得知 $b = 0.061$，$S_b = 0.004$，$t = 15.25$，该值远超显著性水平 0.05 下的临界值 1.98（双尾检验），因此我们必须拒绝"年薪对数与教育年限无线性关系"的零假设。

根据回归分析结果，年薪对数 log（salary）与教育年限（educ）之间的回归方程为：

$$\log(\text{salary}) = 3.66+0.061\text{educ} \tag{9.9}$$

即：

salary = 10^（3.66 + 0.061 * educ）

（6）评价模型的拟合优度。

r^2 是评价模型与数据拟合程度的最常用指标。在简单回归分析中，r^2 等同于两变量间简单相关系数的平方值，表示因变量 Y 方差中能被自变量 X 解释的比例，计算公式如下：

$$r^2 = \frac{SS_{reg}}{SS_Y} = \frac{SS_Y - SS_{res}}{SS_Y} \tag{9.10}$$

其中，SS_Y 表示 Y 的总离均差平方和；SS_{reg} 代表能被回归模型解释的离均差平方和部分；SS_{res} 则是不能被模型解释的部分，也称为残差平方和。

$$SS_Y = SS_{rg} + SS \tag{9.11}$$

本例中 $r^2=0.579$，表明教育年限差异能够解释银行职工年薪个体差异的近 60%。

(7) 检查有关基本假设是否成立。

在回归分析过程中，仅依靠 r^2 判断模型拟合度是不充分的，还需认真检验回归模型的基本假设是否满足。残差分析是进行此类判断的有效工具。

9.3.3 残差分析

残差（residuals）指实际观测值 Y_i 与回归方程预测值 $\hat{Y}_i$ 之间的差值。进行残差分析最直观的方法是通过正态概率图和残差散点图进行可视化检验。

图 9-3 将残差的累积概率观察值作为横轴，将正态分布假设下的累积概率期望值作为纵轴。当残差完全服从正态分布时，图 9-3 中数据点应呈现一条完美直线。图 9-3 表明，经过对数转换处理后的员工年薪 log（salary）残差分布基本符合正态性要求。

图 9-4 以标准化预测值为横坐标，标准化残差为纵坐标绘制散点图。当回归分析的基本假设条件得到满足时，约 95%的数据点应随机分布在±2 标准差范围内，约 99%的点应分布在±3 标准差范围内。图 9-4 同样显示本模型与数据的拟合状况相当理想。

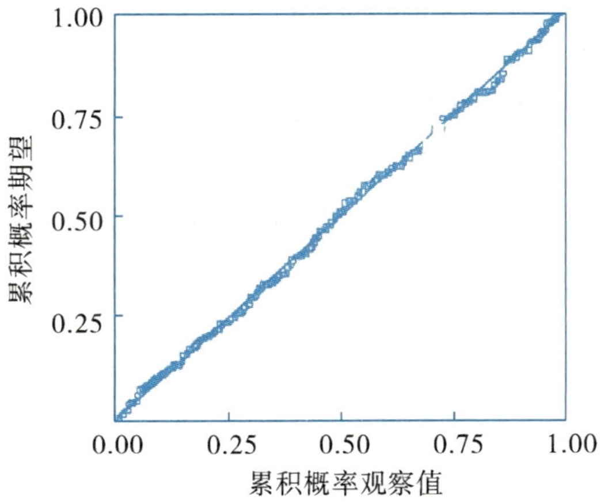

图 9-3 正态概率图

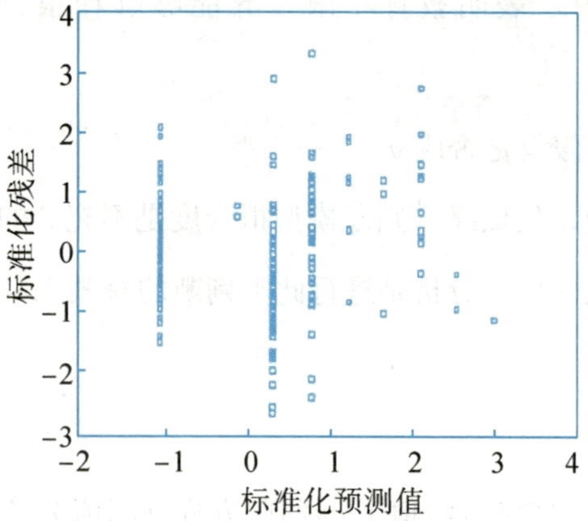

图 9-4　残差散点图

9.4　多元回归分析

多元回归分析（multiple regression）是简单回归的扩展形式，它处理一个因变量与两个或更多自变量之间的关系。这种分析方法可同时估计多个自变量对因变量的综合影响，也可在控制其他相关变量的情况下，单独评估某一特定变量对因变量的净效应。通过多元回归技术，研究者能够解答以下类型的营销问题：

①广告投入、促销活动强度、产品定价以及分销覆盖等营销组合要素各自对销售业绩的影响程度有多大？

②哪些关键因素主导着市场份额的变化与分布？

③哪些要素决定了消费者对特定品牌的态度形成及其购买意向？

④在产品特性、价格策略和渠道结构保持不变的条件下，广告投放量的变化会对销量产生多大影响？

9.4.1　模型的形式

多元回归模型（multiple regression model）的一般形式如下：

$$Y = \beta_0 + \sum_{j=1}^{k} \beta_j X_j + e \tag{9.12}$$

式中，Y 代表因变量；X_j 表示第 j 个自变量；β_0 是多元回归方程的常数项（截距）；β_j 表示与第 j 个自变量相关联的偏回归系数；k 代表模型中包含的自变量总数；e 则 表示随机误差项。

在该数学模型中的各偏回归系数可通过下列公式，运用最小二乘法原理进行估算：

$$\hat{Y} = a + \sum_{j=1}^{k} b_j X_j \tag{9.13}$$

在多元回归方程中，Y 代表因变量的预期值，其中参数 a 表示回归方程的截距估计值，而 b 则是偏回归系数的估计值。对于偏回归系数来说，它反映了在其他自变量保持不变的条件下，自变量 X_j 每变化一个单位时，预测值 Y 相应的变化量。需要注意的是，在单元回归分析中所讨论的那些基本假设条件，同样也适用于多元回归分析的情况。

9.4.2 基本分析步骤

多元回归分析与二元回归分析在基本操作流程上有诸多相似之处。下面我们将以某银行职员年度薪资为例来阐述这一分析方法，主要聚焦于显著性检验、结果解读以及模型拟合度评估等关键环节。

（1）绘制散点图。

在执行多元回归时，我们可将因变量置于纵轴位置，各个自变量分别置于横轴位置来创建散点图，这有助于初步判断变量间的关联性并识别潜在的异常数据点（此处省略具体图表）。

（2）对有关变量进行初步检查。

由于本例中的因变量 salary 呈现严重的右偏分布特征，不符合正态分布的基本假定（参见图 9-1），因此我们对其进行了对数转换，并将转换后得到的 $Y=$ log（salary）作为新的因变量。在自变量方面，除了教育年数（educ）外，我们还纳入了职员年龄（age）和银行工作年限（work）两个变量，其中工作年限是以月为计量单位的。

表 9-1 中的简单相关系数矩阵揭示，年薪与教育年数存在显著的正向关联，而与年龄则呈现显著的负向关联；同时，工作年限与年龄之间存在显著的正相关，但与教育水平呈现显著的负相关。这些关联性解释了图 9-1 中观察到的现象：高学历员工的实际薪资低于预期值，这可能是因为这些员工通常年龄较轻、工作资历较浅所致。单纯的简单回归分析忽略了这些交互因素，可能会导致对教育程度影响的低估。

表 9-1　简单相关系数矩阵

	age	educ	work	log（salary）
age	1.000			
educ	-0.087	1.000		
work	0.794*	-0.140	1.000	
log（salary）	-0.171*	0.761*	0.116	1.000

注：* 表示相关系数在 $\alpha=0.05$ 水平上显著。

（3）确定模型的形式。将年薪的对数 $Y=\log$（salary）作为因变量，选择可能影响年薪的受教育年限（educ）、工龄（work）、年龄（age）和性别（sex）作为自变量。其回归方程为

$$Y = a + b_1\text{educ} + b_2\text{work} + b_3\text{age} + b_4\text{sex} \tag{9.14}$$

注意，sex 是个虚拟变量，男=1，女=0；工龄是以月为单位计算的。

（4）估计模型的参数。

偏回归系数的估算结果如表 9-2 所示。

表 9-2　回归分析结果

	非标准化系数		标准化系数	t	sig.
	B	std. error	beta		
constant	3.765	0.058		64.406	0.000
educ	5.438e-02	0.004	0.681	14.217	0.000
work	1.171e-04	0.000	0.059	0.757	0.450
age	-2.211e-03	0.001	-0.128	-1.647	0.101
sex	7.890e-02	0.018	0.218	4.274	0.000

注；$R^2=0.638$。

（5）显著性检验。

在正式解读回归分析结果前，必须完成两个层级的统计检验：首先是模型整体有效性的验证，其次是各解释变量特定系数的显著性验证。针对模型整体的检验，设定原假设为所有自变量与因变量之间不存在线性关联，即：

$$H_0: \beta_1 = \beta_2 = \beta_3 = \beta_4 = 0$$

所用的 F 统计量的计算公式为

$$F = \frac{SS_{reg}/k}{SS_{res}/(n-k-1)} \tag{9.15}$$

$$= \frac{r^2/k}{(1-r^2)/(n-k-1)} (9.)$$

式中，SS_{reg} 是模型能够解释的离均差平方和，SS_{res} 是残留的离均差平方和。F 统计量服从 F 分布，自由度为 k 和$(n-k-1)$。本例的 F =检验结果如表 9-3 所示。

表 9-3 方差分析结果

	sum of squares	df	mean square	F	sig
regression	3.970	4	0.993	86.304	0.000
residual	2.252	195	0.012		
total	6.222	199			

其中，$F=(3.970/4)/(2.252/195)=86.304$，其对应的显著概率远远小于 0.05，因此拒绝 Y 与受教育年限、工龄、年龄和性别无关的假设。

当总体零假设被驳回后，接下来应采用类似二元回归分析中的 t 检验方法，对每个偏回归系数进行单独检验。t 值的计算公式为偏回归系数除以其标准误（$t=b_i/S$），该统计量遵循自由度为$(n-k-1)$的 t 分布规律。本研究案例中，各变量偏回归系数的 t 值及其对应的显著性概率已在表 9-2 中列出。根据检验结果分析，教育年限变量与性别变量的偏回归系数达到统计显著水平，而年龄变量和工作经验变量的偏回归系数则未表现出统计显著性。

（6）结果的解释。

根据上述结果，log（salary）的回归方程为

$$\log(\text{salary}) = 3.765+0.0544\text{educ}+0.0789\text{sex} \quad (9.16)$$

即：

$$\text{salary} = 103.765+0.054\text{educ}+0.0789\text{sex} \quad (9.17)$$

根据分析结果，在控制性别因素不变的情况下，教育年限每增加一年，预期年薪会上升约 13.3%（计算方式：10^(0.0544)-1≈0.133）。同样地，当教育背景相同时，男性的年薪明显超过女性，大约是女性薪资的 1.2 倍（计算方式：10^(0.0789)≈1.2）。

各个变量因采用不同的计量单位，其偏回归系数无法直接进行比较。为解决这一问题，我们需要计算标准化回归系数 β_j。这种标准化回归系数（standardized regression coefficient）实际上等同于在进行回归分析前，将所有涉及变量（包括因变量 Y 及自变量 X_1、X_2 到 X_k）都转换为均值为 0、方差为 1 的标准化变量后所得到的偏回归系数值。通过这种标准化处理，不同变量间的影响程度才能进行有效比较。

标准化系数也可以根据未标准化的回归系数直接计算：

$$\beta;\ =b;\ (S;\ /S_r) \tag{9.18}$$

表 9-2 中的标准化回归系数显示，受教育年限对年薪的影响最大。

（7）模型拟合情况的评估。

回归方程的拟合情况可以用多元可决系数（co-efficient of multiple determination）来测量。

$$r^2 = \frac{SS_{reg}}{SS_Y} \tag{9.19}$$

向回归方程中引入新的自变量只能使 R^2 增大而不会使它减小，即使这些新增自变量的贡献并不大，因此，可以根据自变量的数量和样本规模对 R^2 进行调整：

$$\text{调整后的 } R^2 = R^2 - \frac{k(1-R^2)}{n-k-1} \tag{9.20}$$

观察表 9-2 所呈现的回归分析结果，我们可以看到 R^2 值达到 0.638，经调整后为 0.631，这一数值稍微高于二元回归分析所得的 0.579。这表明在已包含教育年限变量的基础上，增加其他新变量确实对年薪变异的解释提供了一定贡献，但这种改进幅度并不显著。

当模型的判定系数 R^2 较高且各偏回归系数达到统计显著水平时，仍需通过残差分析这一额外步骤来全面评估回归模型的实际效果。残差分析能帮助我们进一步验证模型的适用性和可靠性。

9.4.3 残差分析

残差分析是评估数据与回归模型基本假设契合度的有效工具。对于正态性假定，我们可通过绘制残差的直方图或正态概率图来进行验证。如图 9-5 所示，残差的累积分布与理论正态分布的预期值高度吻合，呈现出近乎直线的趋势，这表明残差分布符合正态性要求。

检验等方差性假设的一种方法是绘制残差与因变量预测值的散点图。这种图形还能反映线性模型的适当性。在假设成立的情况下，约 99%的标准化残差应当随机分布于-3 到+3 的区间内。若散点图呈现非随机模式，则意味着误差方差并非恒定。而如果散点呈现明显的正向或负向趋势，则表示线性假设可能不成立。从图 9-6 可以看出，残差分布并未表现出明显的异常特征。

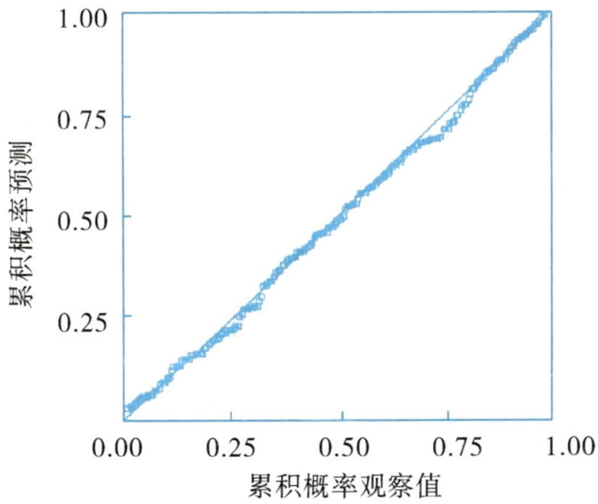

图 9-5　残差的正态概率图

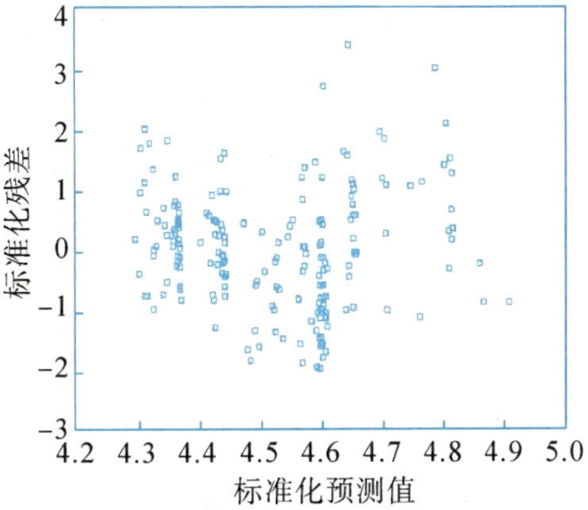

图 9-6　残差的散点图

误差项之间是否相互独立，可以通过计算 Durbin-Watson 统计量来验证。这一统计量的取值区间为 0~4。当其数值接近 2 时，意味着各误差项之间不存在相关性。如果该值小于 2，则表明相邻误差项呈现正相关关系。反之，若大于 2，则说明误差项之间存在负相关关系。

9.5　回归分析的应用

在研究者实际应用回归分析时还有许多需要注意的问题，这里重点讨论多重共线性、变量的取舍和如何对模型进行交叉验证。

9.5.1 多重共线性

多重共线性是指自变量间存在高度相关性的现象。这种情况会导致偏回归系数估计不准确，使得估计值在不同样本间缺乏一致性和稳定性。同时，由于自变量间的高度相关，难以准确评估各自变量对因变量影响的相对重要程度。

解决多重共线性问题有几种方法。最简单的做法是从高度相关的变量中选择一个纳入回归方程。另一种方法是通过主成分分析等技术，将自变量转换为相互独立的因子，用这些因子替代原始变量进行预测。例如，在本章讨论的职工年薪案例中，年龄和工龄的相关系数高达 0.794（参见表 9-1）。因此，在进行回归分析时，研究者可以考虑只选取其中一个变量。

在营销研究中，确定自变量的相对重要性是一个常见需求。通常，我们可以通过检验每个变量的偏回归系数显著性、部分相关系数平方和标准化回归系数的大小来做出判断。然而，当存在多重共线性时，单一指标可能无法提供全面的信息，甚至可能导致相互矛盾的结论。在这种情况下，研究者需要综合考虑所有指标，做出全面的评估。

9.5.2 变量的取舍

在多元回归分析中，研究者常常面临众多自变量的情况。选择合适的变量可以基于理论基础和实践经验预先确定。然而，当缺乏适当的理论支持或充足的经验时，研究者可以借助统计方法进行变量筛选。一种简单的方法是分析简单相关系数矩阵，从中挑选与因变量高度相关的变量作为自变量。不过，这种方法在自变量之间存在高度相关性时效果不佳。

逐步回归是另一种广泛应用的变量选择方法。这种技术通过比较每次引入或删除一个自变量时模型解释能力的变化来决定变量的去留。其目标是从众多预测变量中筛选出对因变量影响最显著的一组变量。在逐步回归过程中，每一步都会考虑引入新变量或删除已有变量。只有当引入的变量满足特定的 F 比例标准时才会被保留，而不符合标准的变量则会被剔除。

需要注意的是，逐步回归并不能保证得到最优的回归方程。但是，在缺乏充分理论或经验基础来确定自变量的情况下，逐步回归仍然是一种实用的方法。研究者应当谨慎使用这种方法，并结合其他分析技术来验证结果的可靠性。

9.5.3　交叉验证

回归分析和其他多元分析模型的参数通常基于特定观察数据进行估算，这可能导致对建模数据的过度依赖。使用建立的模型对原始数据进行拟合往往会高估模型的拟合优度。为了解决这一问题，研究者需要采用交叉验证方法。

交叉验证是一种评估模型泛化能力的技术，旨在检验基于特定数据集构建的回归方程是否适用于其他数据。这种方法通常包括以下几个步骤：

①数据分割：将现有数据集划分为两部分——估计样本和验证样本。通常，估计样本约占总体样本的三分之二。

②模型构建：仅使用估计样本数据来估计回归模型的参数。

③模型应用：将建立的回归方程应用于验证样本，根据自变量的观察值预测因变量的值。

④性能评估：对比验证样本的实际观察值和预测值，计算拟合优度指标（如 R^2）。然后，将这一结果与估计样本的 R^2 进行比较，以评估模型的稳定性和泛化能力。

课后练习

一、概念理解与简答题

1. 相关分析与回归分析的区别与联系：请简述相关分析和回归分析在研究目的、分析侧重点以及结果解读上的主要区别。它们之间又存在怎样的联系？

2. 皮尔逊相关系数的解读：

①皮尔逊相关系数（r）的取值范围是多少？其正负号和绝对值大小分别代表什么含义？

②如果两个变量的皮尔逊相关系数 $r = 0.8$，而另外两个变量的 $r = -0.8$，这说明什么？哪对变量之间的线性关系更强？

③如果 $r = 0$，是否一定意味着两个变量之间没有任何关系？请解释原因。

④r^2（决定系数）在相关分析和简单回归分析中分别代表什么意义？

3. 非定量变量的相关分析：当研究的变量是定序变量时，为什么不适合使用皮尔逊相关系数？此时应选用哪些相关系数进行分析？它们与皮尔逊相关系数的主要区别是什么？

4. 线性回归分析的基本假设：进行线性回归分析时，需要满足哪些基本假设条件？请简述每个假设的含义。如果这些假设不被满足，可能会对回归结果产生什么影响？

5. 简单回归模型 $Y = \beta_0 + \beta_1 X + e$：

①请解释模型中各个符号（Y, X, β_0, β_1, e）的含义。

②β_0（截距）和 β_1（斜率）在实际营销情境中通常如何解释？

6. 多元回归与简单回归：多元回归分析相对于简单回归分析的主要优势是什么？在什么情况下需要使用多元回归分析？

7. 偏回归系数的解读：在多元回归方程 $Y = a + b_1X_1 + b_2X_2 + \cdots + b_kX_k$ 中，偏回归系数（如 b_1）的含义是什么？为什么它被称为“偏”回归系数？

8. 标准化回归系数（Beta 系数）：为什么在多元回归分析中需要计算标准化回归系数？它与非标准化回归系数相比，在解读自变量相对重要性方面有何优势？

9. 模型拟合优度的评估：

①在简单回归中，r^2如何评估模型的拟合优度？

②在多元回归中，R^2（多元可决系数）和调整后的 R^2（Adjusted R^2）有什么区别？为什么通常更关注调整后的 R^2？

10. 残差分析的重要性：为什么说“仅依靠 R^2 判断模型拟合度是不充分的，还需认真检验回归模型的基本假设是否满足”？残差分析在检验哪些回归基本假设方面特别有用？如何通过残差图进行判断？

11. 多重共线性问题：什么是多重共线性？它会对回归分析结果产生哪些不良影响？在国际市场营销研究中，哪些因素可能导致多重共线性问题更容易出现？

12. 逐步回归的利弊：逐步回归是一种常用的自变量筛选方法，请简述其基本思想。它在实际应用中存在哪些优点和潜在的局限性？

13. 交叉验证的目的与步骤：为什么在回归分析中需要进行交叉验证？请简述交叉验证的基本步骤。

二、案例分析与结果解读题

案例 1：国际市场在线广告投入与销售额关系研究

一家跨境电商企业希望研究其在不同国家市场（假设为 A 国和 B 国）的月度在线广告投入（X，单位：千美元）对其月度产品销售额（Y，单位：万美元）的影响。为此，其收集了过去 24 个月的数据。

假设的简单回归分析结果（分别对 A 国和 B 国数据进行处理）如下：

①A 国市场。

回归方程：$\hat{Y} = 5.8 + 2.1X$；

X 的回归系数（b）$= 2.1$，标准误（Sb）$= 0.3$，$t = 7.0$，$p < 0.001$；

$r^2 = 0.68$；

②B 国市场。

回归方程：$\hat{Y} = 10.2 + 0.9X$；

X 的回归系数（b）$= 0.9$，标准误（Sb）$= 0.4$，$t = 2.25$，$p = 0.035$；

$r^2 = 0.19$；

问题 1（回归方程与系数解读）：

①请分别解释 A 国和 B 国市场回归方程中截距项和斜率项的实际意义。

②比较两国市场，在线广告投入对销售额的影响在哪国更显著（从统计显著性和影响大小两方面考虑）？依据是什么？

问题 2（模型拟合度与预测）：

① r^2 的值分别说明了什么？你认为哪个市场的模型拟合度更好？

② 如果下个月 A 国计划投入预算在 10 万美元的在线广告，B 国计划投入预算在 15 万美元的在线广告，根据回归模型，预测两国市场各自的销售额大约是多少？你对这两个预测的信心程度有何不同？为什么？

问题 3（国际市场差异的思考）：

①在线广告投入对销售额的影响在两国市场存在差异，请尝试从国际市场营销的角度分析可能导致这种差异的因素有哪些（如市场成熟度、竞争环境、消费者行为、广告媒体效率等）？

案例 2：影响消费者对某国际品牌手机购买意愿的因素分析

一家市场研究公司调查了影响消费者对某国际品牌新款手机购买意愿（Y，采用 1~7 分李克特量表测量）的多个因素，包括：产品价格感知（$X1$，1~7 分，分值越高表示感觉越贵）、品牌形象感知（$X2$，1~7 分，分值越高表示形象越好）、广告吸引力（$X3$，1~7 分，分值越高表示越吸引人）以及受访者年龄（$X4$，实际年龄）。

假设的多元回归分析结果摘要如表 1 所示。

表1　假设的多元回归分析

自变量	非标准化系数（*B*）	标准误（Std. Error）	标准化系数（Beta）	*t* 值	*p* 值（Sig.）
（常数项）	5.501	0.25		22.00	<0.001
产品价格感知（*X*1）	−0.45	0.08	−0.35	−5.63	<0.001
品牌形象感知（*X*2）	0.30	0.07	0.28	4.29	<0.001
广告吸引力（*X*3）	0.15	0.06	0.12	2.50	0.013
年龄（*X*4）	−0.02	0.01	−0.08	−2.00	0.047
模型整体统计量					
R^2	0.52				
调整后的 R^2	0.50			*F* 值=25.8，$p<0.001$	
durbin-watson	1.95				

问题1（模型整体评估）：

①该多元回归模型的整体拟合情况如何？依据是什么？（结合 R^2、调整后的 R^2 以及 *F* 检验结果）

②Durbin-Watson 统计量的值为 1.95，这说明了什么？

问题2（自变量影响解读）：

①请逐个解释各个自变量（产品价格感知、品牌形象感知、广告吸引力、年龄）的非标准化回归系数的实际意义。

②根据标准化回归系数（Beta），哪个自变量对购买意愿的影响最大？哪个最小？

③哪些自变量对购买意愿有统计上显著的影响？依据是什么？

问题3（营销启示与局限性）：

①根据这个回归模型的结果，你会给这家手机品牌提出哪些营销建议？

②这个模型可能存在哪些局限性？例如，是否有遗漏的重要变量？这些变量之间的关系是否一定是线性的？

三、思考与应用题

1. 国际市场选择中的相关分析应用：

一家企业正在考虑进入一个新的海外市场。他们收集了该目标市场过去10年的一些宏观经济数据，例如：人均GDP年增长率、失业率、通货膨胀率，以及该企业同类产品在该市场的行业年销售额增长率。

①你认为这家企业可以通过计算这些变量之间的皮尔逊相关系数来获得哪些有价值的信息，以辅助其作出市场进入决策？

②如果发现人均 GDP 年增长率与行业年销售额增长率之间存在强正相关（例如 $r=0.75$），而失业率与行业年销售额增长率之间存在中等强度的负相关（例如 $r=-0.45$），这对企业意味着什么？

2. 多元回归中的变量选择与文化因素：

假设你正在研究影响不同国家（例如，美国、日本、巴西）消费者对某款应用程序持续使用意愿的因素。你初步考虑了多个自变量，如应用程序的易用性、功能丰富性、社交互动性、个性化推荐程度以及价格（如果是付费应用程序）。

①在进行多元回归分析时，你认为这些自变量的影响在不同国家可能会有差异吗？为什么？

②如果采用逐步回归进行变量筛选，你认为在不同国家市场，最终进入模型的自变量组合可能会有所不同吗？这可能反映了什么？

③在解释不同国家市场的回归模型结果时，需要注意哪些与文化相关的因素？

10 logistic 回归

在市场营销领域，管理者常常需要对潜在顾客面对营销刺激时的反应进行预测，这有助于他们精准选择目标市场并制定高效的营销组合策略，从而实现降低成本和提升绩效的双重目标。在众多预测工具中，logistic 回归分析已成为预估营销对象可能反应的重要方法之一。

本章将重点讨论因变量为二分类型时适用的 logistic 回归技术。本章首先阐述 logistic 回归的核心概念和实施步骤，并结合实际案例展示其应用价值；随后介绍多项 logistic 回归及其在实践中的运用情况。通过这种循序渐进的学习方式，读者将全面掌握这一重要分析工具。

10.1 logistic 回归的基本概念

在营销研究领域中，研究者经常会遇到定性因变量只能取有限数值的情况。特别是那些只有两种可能取值的因变量（如购买与否、喜好与否、点击与否等）被称为二分变量（binary variable）。当研究模型中的因变量属于二分类型时，传统线性回归的核心假设往往无法满足，主要原因有二：

其一，二分变量相关的误差项分布不符合正态分布规律，这与线性回归对误差项正态性的基本要求相悖；

其二，常规线性回归模型所产生的预测值无法确保限定在 0 到 1，因此难以将其合理解释为某事件发生的概率值。

针对上述问题，二项 logistic 回归（binary logistic regression），也常简称为 logistic

回归（logistic regression），成为了更适合的分析工具。这种方法能有效分析自变量对二分因变量的影响程度，并为相关事件提供概率预测。

10.1.1 目的与用途

在营销研究领域，logistic 回归分析主要应用于以下三个方面：

首先，它能评估各类营销因素对二元目标变量的影响程度。例如，研究人员可以通过这种方法分析广告投放、价格策略、促销活动以及口碑推荐等因素如何影响消费者的点击行为、购买决策或推荐意愿。

其次，该方法有助于研究者识别影响消费者行为的关键因素。研究者可利用 logistic 回归深入分析导致消费者点击广告、完成购买、进行推荐、终止服务关系或出现违约等行为的主要驱动因素。

最后，logistic 回归在消费者反应预测方面表现出色。营销人员可基于消费者的特征信息、关系数据或历史行为记录，预测他们对特定营销刺激的响应概率，从而精准筛选出高响应倾向的目标客户群体，提高营销效率。

10.1.2 logistic 回归模型

假设某一事件 Y 有两种可能的结果：发生（$Y=1$）和不发生（$Y=0$），该事件发生的概率 $P=\Pr(Y=1)$ 可以用 logistic 模型表示如下：

$$\text{In}(P/(1-P))=\beta_0+\beta_1X_1+\beta_2X_2+\cdots+\beta_kX \qquad (10.1)$$

式中，β_0 为截距；X_j 和 $\beta_j(j=1,2,\cdots,k)$ 是第 j 个自变量和该变量的逻辑回归系数。

由上式可以得出：

$$P=1/\{1+\exp[-(\beta_0+\beta_1X_1+\beta_2X_2+\cdots+\beta_AX_k)]\} \qquad (10.2)$$

通过分析回归系数的符号及数值大小，我们能够揭示各自变量与事件发生概率之间的内在联系。当某变量的回归系数呈现正值时，这表明该变量与事件发生的可能性存在正向关联，即该变量值增加会提高事件发生的概率。相反，若回归系数为负值，则意味着该变量与事件发生概率之间存在反向关系，变量值上升会导致事件发生概率下降。而当回归系数接近或等于零时，这通常表明该变量与事件发生概率之间不存在明显的线性关联性。

10.2 分析步骤

logistic 回归分析的实施流程主要由五个关键环节构成：①需明确研究问题的具体定义；②进行回归系数的估计计算；③对所得结果进行统计显著性检验；④对分析结果进行科学解读；⑤对建立的模型进行全面评估。这一系列步骤构成了完整的 logistic 回归分析方法论。

10.2.1 问题定义

问题定义阶段主要涉及根据研究目标确定适当的因变量和自变量。在市场营销领域，常见的因变量包括消费者的购买行为、广告点击情况、服务订阅与退订、客户投诉、账户开立以及违约事件等营销管理者密切关注的事件。这些因变量通常采用二元编码方式：事件发生时赋值为 1，未发生则赋值为 0。

与此相对，自变量（也称为预测变量或协变量）是那些可能对因变量产生影响的各种因素。自变量的选择通常基于相关文献研究成果和实践经验。值得注意的是，除了传统的产品特性和消费者个人特征信息外，还有关系数据作为预测变量正日益受到学术界和实务界的重视和认可。

10.2.2 估计回归系数

与前章所述线性回归采用最小二乘法估计系数（该方法旨在使预测误差平方和最小化）不同，logistic 回归的系数通常采用极大似然法（maximum likelihood method）进行估算。这种方法的核心目标是使概率 P 的估计值在 $Y=0$ 时尽可能接近 0，而在 $Y=1$ 时尽可能接近 1。通过这种方式，我们能够最大化观测到实际数据样本的概率。

在自变量选择的过程中，研究者通常依据极大似然比（MLR）或协方差近似估计（ACE）这两种标准，采用逐步回归的策略进行筛选。为确保模型的可靠性与有效性，研究者在研究实践中通常会从总体数据中抽取约 60%至 70%的样本作为建模样本，用于估计回归系数；而剩余的样本则被保留作为验证样本，用于评估模型的拟合情况。

这种建模与验证相结合的方法能够有效平衡模型的拟合优度与预测能力，避免过度拟合现象的出现，从而提高模型的实用价值和推广应用能力。

10.2.3 显著性检验

当回归系数不是很大时，可以用沃氏检验（Wald's test）检验其显著水平。该统计量建立在极大似然法估计的近似正态分布基础上，可用下式估算：

$$W = (\beta, \text{s.e.}(\beta_j))^2 \tag{10.3}$$

式中，β_j 是某个预测变量的 logistic 回归系数估计值，s.e.(β_1) 是该系数的标准误差。wald 统计量呈卡方分布，如果预测变量是定量变量，其自由度为 1；如果预测变量是分类变量，其自由度为类别数减 1。

实际上，也可以用参数估计值除以其标准误计算 t 值来检验回归系数的显著性：

$$t = \beta_j / \text{s.e.}(\beta_j), \text{自由度} = n - k \tag{10.4}$$

当回归系数较大时，wald 检验的误差比较大，这时宜用似然比检验，详情请查看有关的统计学教科书。

10.2.4 结果解读

logistic 回归系数的解释方法与多元回归分析有相似之处，但需要考虑因变量的特殊性质。在模型中，截距项 β_0 决定了当所有自变量均为零时事件发生的基准概率。而各个回归系数 β_j 则反映了相应自变量 X_j 与事件发生概率之间的关系强度和方向。

当 β_j 取正值时，表明变量 X_j 与事件发生概率呈正相关关系；当 β_j 为负值时，则说明二者存在负相关关系；若 β_j 等于零，这意味着 X_j 与事件发生概率之间不存在对数线性关联。

logistic 回归的一个重要特点是，对数优势比 $\ln(P/(1-P))$ 是估计参数的线性函数。因此，在其他变量保持恒定的条件下，每当自变量 X_j 增加一个单位，对数优势比 $\ln(P/(1-P))$ 会相应变化 β_j 个单位，而相对风险[即优势比 $P/(1-P)$]则会发生 $e\hat{}\beta_j$ 倍的变化。这种解释方式使我们能够更直观地理解自变量对事件发生概率的影响程度。

10.2.5 模型评估

逻辑回归模型的拟合情况可以用拟合优度卡方（goodness of fit χ^2）来衡量，该指标可用下式计算：

$$\chi^2 = 2\sum[(Y_i - p_i)^2 / (p_i(1 - p_i)]] \tag{10.5}$$

式中，Y_i 是二分因变量的观察值，p_i 是事件发生概率的估计值。该统计量的自由度等于所有自变量的组合数减去自变量的个数。

在实际研究应用中，衡量模型拟合优度的常用指标是预测准确率（hit rate）。这一方法的基本原理是：当模型预测的概率值超过 0.5 时，判定 $Y=1$；反之，当预测概率低于 0.5 时，则判定 $Y=0$。通过将这些预测结果与实际观测值进行对比，能够计算出模型的预测准确性百分比。在具体操作上，研究者可以将因变量的预测值与观测值构建交叉表格，形成所谓的分类表（classification schedule）。这种分类表能够直观展示预期结果与实际结果之间的一致程度，为评估模型的实用价值提供重要依据。通过分析这种一致性，我们能够判断模型在实际应用中的预测能力和可靠性。受者反应特征曲线（receiver operating characteristic，ROC）是评估模型效能的另一种极为有效的工具（如图 10-1 所示）。在这一图形表示中，横坐标表示总体样本的累积百分比，也称为名单渗透率；而纵坐标则代表成功检出样本（即有响应的样本）的累积百分比，也被称为顾客渗透率。

当一个模型具有良好的拟合度时，其 ROC 曲线会显著地偏离图中的 45 度对角线，向左上方弯曲；相反，如果模型的拟合情况不理想，则其 ROC 曲线会更加接近于这条 45 度对角线。通过观察曲线与对角线之间的偏离程度，研究者能够直观判断模型的区分能力和预测效果。

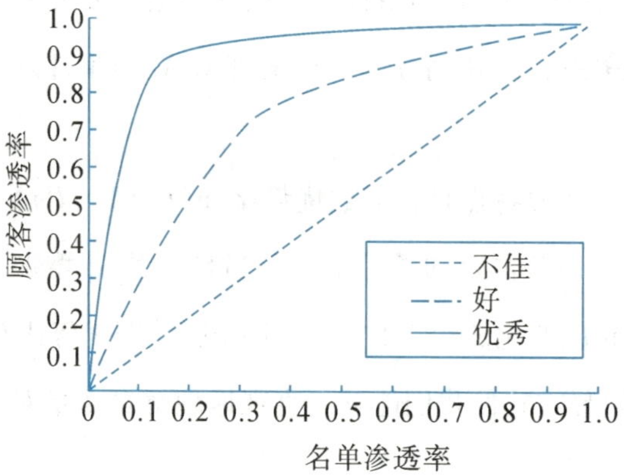

图 10-1　ROC 曲线

通常情况下，若将构建的模型直接应用于建模数据集，往往会对模型的拟合效果产生过高评估。基于此原因，研究者普遍会预留部分样本专门用于评估模型性能。这种利用验证数据集来检验模型拟合效果的方法，在统计学和机器学习领域被称为交叉验证技术。

10.3 实证研究：高校住宿市场的消费群体定位

前文已系统阐述 logistic 回归建模流程，本研究将依据高校学生校外住宿需求调研数据进行实证推演。

10.3.1 定义问题

该分析的主要问题是：对于一家在中关村地区经营普通大学生公寓的公司而言，谁是主要的目标市场？为了回答这一问题，研究者需要识别影响学生在校外租房的主要因素，并根据这些因素估算不同类别学生在校外租房的概率，从而确定其重点目标市场。

该分析的因变量为是否在校外租房，是一个二分变量，自变量是可能影响租房需求的有关因素（如表 10-1 所示）。

本研究将目光投向中关村地区一般高校学生公寓运营机构所面临的根本问题：怎样准确识别其主要服务对象？具体来说，这项工作需借助数据分析完成两个方面的任务：一方面，要辨别促使大学生选择校外居住的主要因素；另一方面，通过建立二元分类回归模型来估算不同特点学生群体租赁住房的可能性，从而制定有根据的目标客户定位方案。在此研究中，我们采用二元分类反应变量作为被解释变量（学生选择校内住宿标记为 0，选择校外租赁则标记为 1），而解释变量则包含了可能对住宿决策产生影响的多个维度指标（详细内容请参见表 10-1 所列变量）。

表 10-1 中关村地区大学生公寓需求调查的主要变量（节选）

序号	变量名	定义
1	id	样本序号
2	rental	是否租住过校外房子（0=否，1=是）
3	age	调查对象的年龄（周岁）
4	sex	调查对象的性别（1=男，2=女）
5	school	调查对象所在的学校（1~6 代表 6 所不同的学校）
6	educat	学生类别［1=专科，2=本科，3=硕士（不含 MBA），4=MBA，5=博士］
7	grade	被调查对象的年级（1~4）
8	income	被调查对象的月可支配收入（元/月）

10.3.2 估计和检验 logistic 回归系数

把含有 500 个样本的数据随机划分为两部分：一部分用于模型构建，包含 292 个样本；另一部分用于模型验证，包含 208 个样本。接下来，我们利用建模数据集来估算 logistic 回归方程的各项系数，并对这些系数进行统计显著性的检验分析。

表 10-2 logistic 回归结果

变量	β	S.E.	Wald	d.f.	sig.	exp(β)
age	0. 202	0. 133	2. 232	1	0. 127	1. 224
sex	-0. 691	0. 339	4. 143	1	0. 042	0. 501
school			13. 990	5	0. 016	
school（1）	0. 032	0. 552	0. 003	1	0. 954	1. 032
school（2）	1. 336	0. 660	4. 095	1	0. 043	3. 803
school（3）	0. 314	0. 669	0. 221	1	0. 638	1. 369
school（4）	0. 890	0. 612	2. 119	1	0. 145	2. 436
school（5）	3. 810	1. 207	9. 972	1	0. 002	45. 164
educat			0. 381	4	0. 984	
educat（1）	-0. 189	0. 441	0. 183	1	0. 669	0. 828
educat（2）	-0. 292	0. 840	0. 121	1	0. 728	0. 747
educat（3）	-21. 384	40 192. 970	0. 000	1	1. 000	0. 000
educat（4）	-0. 778	1. 435	0. 294	1	0. 588	0. 459
grade	-0. 039	0. 223	0. 030	1	0. 862	1. 039
income	0. 000	0. 000	0. 107	1	0. 744	1. 000
constant	-4. 828	2. 735	3. 115	1	0. 078	0. 008

表 10-2 呈现了 logistic 回归分析的结果。需要特别指出的是，在分类变量方面（如性别、学校和学生类别），SPSS 系统会自动创建一组虚拟变量来表示各个不同类别，并将每个变量的第一组设定为默认参照组。

本分析采用了强制进入法而非逐步筛选法，因此结果中展示了所有自变量的回归系数，包括那些统计上不显著的变量。若研究者希望模型中仅包含具有统计显著性的变量，则可以选择使用逐步回归方法进行分析，这样系统会自动筛选出显著影响因变量的自变量。

10.3.3 模型的整体显著性检验

在解读表 10-2 中各个具体自变量的回归系数之前，我们必须首先评估整个 Logistic 回归模型的整体拟合情况和显著性。这一步骤至关重要，它告诉所构建的模型（包含了年龄、性别、学校等所有自变量）是否比一个不包含任何自变量的“零模型”（仅有常数项）具有更强的解释力。如果模型整体不显著，那么分析单个变量的效应将失去意义。

在 SPSS 等统计软件的输出结果中，通常会提供以下几个关键指标来帮助模型整体评估：

①-2 对数似然值（-2 Log likelihood）：这是评估模型拟合度的核心指标，其值越小，代表模型的拟合效果越好。统计软件通常会给出“仅含截距模型”和“最终模型”的-2 对数似然值，通过比较两者的差异可以判断模型的改进程度。

②模型卡方检验（Omnibus Tests of Model Coefficients）：这是检验模型整体显著性的关键。它通过比较包含所有自变量的模型与仅含截距项的零模型之间的-2 对数似然值差异来进行卡方检验。其零假设（H_0）是：所有自变量的回归系数均为 0。如果该检验的显著性概率（Sig.）小于设定的显著性水平（通常为 0.05），则可以拒绝零假设，认为模型整体上是显著的，即引入的自变量集合对因变量具有显著的联合解释力。

③伪 R 方（Pseudo R-Square）：由于 Logistic 回归没有像线性回归中那样直观的决定系数 R^2，因此统计学家提出了多种“伪 R 方”来近似衡量模型对因变量变异的解释程度。常用的有考克斯-斯奈尔 R 方（Cox & Snell R Square）和内格尔科 R 方（Nagelkerke R Square）。这两个值的范围在 0 到 1 之间，数值越大，表明模型的解释能力越强。其中，内格尔科 R 方的最大值可以达到 1，更易于解读。

根据本次分析的输出结果（为便于说明，此处展示模拟的 SPSS 模型摘要输出），可以得到如表 10-3 所示的模型摘要。

表 10-3 Logistic 回归模型摘要与整体检验

步骤	-2 对数似然值	考克斯-斯奈尔 R 方	内格尔科 R 方
1	240.517	0.185	0.255
步骤	卡方（χ^2）	自由度（df）	显著性（Sig.）
模型	65.881	11	0.000

从表 10-3 中，模型整体的卡方检验值为 65.881，自由度为 11，其对应的显著性概率（Sig.）为 0.000，远小于 0.05。这表明可以有力地拒绝零假设，结论是：构建的这个包含了多个自变量的 Logistic 回归模型在整体上是统计显著的，具有实际的解释意义。

此外，内格尔科 R 方（Nagelkerke R Square）为 0.255，这说明模型中的自变量（年龄、性别、学校等）联合起来，可以解释因变量（是否校外租房）约 25.5%的变异。

既然已经确认了整个模型的有效性，接下来就可以深入分析表 10-2 中各个自变量的具体影响了。

10.3.4 结果解读

通过分析表 10-2 的数据结果，我们发现在众多因素中，性别因素和就读院校对学生是否选择校外住宿产生了显著影响，这些变量的 wald 检验显著性概率值均低于 0.05 的临界值。而其余自变量则未表现出统计上的显著性影响。

具体来看，数据显示女性学生在校外租赁住房的倾向明显低于男性学生。同时，学生所属的学校也是决定学生校外租房行为的关键因素，不同高校学生的校外住宿比例差异明显。

基于这些分析结果，我们可以推断，位于中关村区域的大学生公寓运营商应将市场定位重点放在学校 2 和学校 5 的学生群体上，并且在这些学校中，男性学生构成了更为核心的目标客户群体。

10.3.5 模型评估

在模型应用中设定 0.50 作为判别临界值，即将预测租房概率超过 0.5 的学生样本归类为“选择校外租房”组，而将预测概率低于 0.5 的样本归入“不选择校外租房”组。将此分类标准应用于验证样本数据集（需要注意的是，由于数据中存在一定数量的缺失值，实际参与验证的有效样本量减少至 173 个）后得到的分类结果详见表 10-4。

表 10-4　预测分类表

观察值	预测值		
	不租	租	准确率/%
不租	126	5	96. 2
租	32	10	23. 8
合计	158	15	78. 6

从表 10-4 的分类结果来看，模型的整体预测准确率达到了 78. 6%，这一数值看似较高。然而，当我们关注租房组样本的预测情况时，发现该组的预测准确率仅为 23. 8%，表明模型对真正选择校外租房的学生识别能力较弱，筛选效率不够理想。

考虑到本研究的核心目标是准确识别那些选择校外住宿的学生群体，我们可以采取调整策略：适当降低判别临界点的设定值。这样做虽然可能导致整体样本预测准确率略有下降，但能显著提高对租房学生群体的识别率，更好地服务于研究的实际需求和应用价值。

10. 4　多项 logistic 回归

在营销研究领域，除了我们刚才讨论的二分因变量外，研究者经常需要处理能够取多个值的定类因变量。这类变量的典型例子包括消费者当前使用的品牌、最为偏好的品牌或最终选购的品牌等。面对这种多分类因变量的情况，研究人员通常会采用多项 logistic 回归分析方法（也被称为多项 logit 模型，简称 MNL 模型）来评估各个自变量对因变量的影响程度。

在市场营销实践中，这种模型被广泛应用于研究消费者的选择行为。具体应用场景主要包括三个方面：首先，评估各类营销要素（如广告投放、促销活动、品牌代言人选择以及分销渠道布局）对消费者品牌选择的影响机制；其次，探究影响消费者偏好形成的关键因素，例如人口学特征、口碑传播效应以及关键意见人物影响等对品牌偏好的塑造作用；最后，进行市场份额的预测分析，通过整合消费者特征信息与产品属性数据来预估不同品牌的市场占有率水平。

以消费者在多品牌环境下的选择行为为例，当一位消费者面临从 m 个不同品牌中选择其中一个的决策情境时：

$$Y = 1,\ 2,\ \cdots m$$

对于多项 logistic 回归模型，选择第 j 个选项的概率 $P_j = \Pr(Y = j)$，$j = 1,2,\cdots,m$

$$P_j = \frac{\exp(\beta'_k X_j)}{\sum_{l=1}^{m} \exp(\beta'_l X_j)} \tag{10.6}$$

在这个数学表达中，P_j 代表从 m 个可能选项中选择第 j 个选项的概率，可表示为 $P_j = \Pr(Y = j)$。X_j 表示一组与选择行为相关的自变量集合，而 β 则是与这些自变量相对应的待估计系数组。这些回归系数的正负值和数值大小反映了自变量与选择概率之间的关系特征：当系数大于 0 时，表明该变量与选择概率呈正相关关系；当系数小于 0 时，则表示两者之间存在负相关关系；而当系数等于 0 时，意味着该变量与选择概率之间不存在对数线性相关性。

在多项 logistic 回归模型的参数估计过程中，研究者通常采用极大似然法来获取回归系数。对这些系数的统计显著性检验以及结果的解读方法，与我们前面讨论的二项 logistic 回归分析非常相似，遵循相同的统计推断逻辑和解释框架。

课后练习

一、概念理解与简答题

1. logistic 回归的适用情境：为什么当因变量是二分变量（如购买/不购买，点击/不点击）时，传统的线性回归分析不再适用？logistic 回归是如何解决这些问题的？

2. logistic 回归模型的核心：

①请写出二项 logistic 回归模型的基本数学表达式（对数优势比形式和概率形式）。

②解释模型中 ln（$P/(1-P)$）的含义，它通常被称为什么？

③回归系数 β_j 的正负号和大小分别代表什么意义？

3. 系数估计方法：logistic 回归的系数通常采用什么方法进行估计？这种方法与线性回归中常用的最小二乘法有何不同？

4. 显著性检验：沃氏检验（wald’s test）在 logistic 回归中用于检验什么？其基本原理是什么？当回归系数较大时，为什么推荐使用似然比检验？

5. 结果解读的关键——优势比（odds ratio）：

①什么是优势比［odds ratio，exp（β）］？它在 logistic 回归结果解释中有什么作用？

②如果一个自变量 X_j 的 $\exp(\beta_j)=1.5$，这意味着什么？如果 $\exp(\beta_j)=0.7$ 呢？

6. 模型评估方法：

①拟合优度卡方（goodness-of-fit χ^2）检验在 logistic 回归中用于评估什么？

②什么是分类表（classification schedule）？如何通过分类表计算模型的预测准确率（hit rate）？

③roc 曲线（receiver operating characteristic curve）是如何帮助评估 logistic 回归模型效能的？一条理想的 ROC 曲线应该是什么样的？“名单渗透率”和“顾客渗透率”分别指什么？

7. 交叉验证的必要性：为什么说“若将构建的模型直接应用于建模数据集，往往会对模型的拟合效果产生过高评估”？交叉验证如何帮助解决这个问题？

8. 多项 logistic 回归的应用：当因变量是多于两个类别的定类变量时（例如，消费者选择的手机品牌：A 品牌、B 品牌、C 品牌），应采用哪种回归分析方法？请简述其在国际市场营销研究中的应用场景。

9. 参照组的意义：在表 10-2 的 logistic 回归结果中，提到了“男性为对照组”“学校 1 为对照组”“专科为参照组”。在解释分类自变量的 logistic 回归系数时，参照组起什么作用？如何理解非参照组相对于参照组的效应？

二、案例分析与结果解读题

案例：预测国际游客对某旅游套餐的购买意愿

一家旅游公司希望预测不同国家的游客对其新推出的“文化探索”高端旅游套餐的购买意愿（$Y=1$ 表示愿意购买；$Y=0$ 表示不愿意购买）。他们收集了潜在游客的人口统计信息、旅游偏好以及对套餐价格的感知等数据，并进行了 logistic 回归分析。

假设的 logistic 回归分析结果摘要如表 1 所示：

表 1　假设的 logistic 回归分析结果摘要

自变量（X_j）	回归系数（β_j）	标准误（S. E.）	wald 统计量	p 值（Sig.）	exp（β_j）
年龄/岁	0.05	0.02	6.25	0.012	1.05
是否首次来华（1=是，0=否）	1.20	0.30	16.00	<0.001	3.32
对套餐价格感知（1=便宜，5=昂贵）	−0.80	0.20	16.00	<0.001	0.45

表1(续)

自变量 (X_j)	回归系数 (β_j)	标准误 (S. E.)	wald 统计量	p 值 (Sig.)	exp (β_j)
个人年收入/万美元	0.10	0.03	11.11	0.001	1.11
(常数项) -2.50 0.50	-2.50	0.50			

模型整体评估:

①hosmer-lemeshow 检验: $\chi^2=8.5$, df=8, $p=0.38$ (不显著,表明模型拟合良好)

②预测准确率 (hit rate) (使用验证样本,判别临界值 0.5): 75%

③其中,正确预测"愿意购买"的比例 (sensitivity/recall): 60%

④正确预测"不愿意购买"的比例 (specificity): 85%

问题 1 (系数解读):

①请解释"年龄"的回归系数 ($\beta=0.05$) 和 exp (β) = 1.05 的含义。

②"是否首次来华"这个变量对购买意愿有什么影响?影响有多大?

③"对套餐价格感知"的回归系数为负,这意味着什么?

④根据这些结果,哪些因素显著影响了国际游客对该旅游套餐的购买意愿?

问题 2 (模型评估):

①如何解读 Hosmer-Lemeshow 检验的结果?

②模型的整体预测准确率为 75%,你认为这个模型的预测能力如何?

③注意到模型对"愿意购买"的预测准确率 (60%) 低于对"不愿意购买"的预测准确率 (85%)。如果旅游公司的主要目标是尽可能多地识别出潜在购买者,他们可以考虑采取什么措施来改进模型的表现 (除了调整判别临界值)?

问题 3 (国际市场应用):

如果这家旅游公司希望将此模型应用于不同国家 (如美国、英国、日本) 的游客,在数据收集和模型应用过程中需要注意哪些与国际化和跨文化相关的因素?

三、思考与应用题

1. logistic 回归在国际新产品采纳研究中的应用:

一家科技公司计划在全球市场推出一款创新型智能家居设备。他们希望预测不同国家消费者对这款新产品的采纳意愿 (采纳/不采纳)。

①请列出至少五个你认为可能影响国际消费者新产品采纳意愿的自变量 (可以是消费者个体特征、产品特性感知、社会影响因素、或国家市场环境因素等)。

②如果该公司希望通过 logistic 回归模型来识别高采纳意愿的潜在国际市场和消费者群体，在模型构建和结果解释过程中，需要特别关注哪些与跨文化相关的挑战？

2. 多项 logistic 回归在国际品牌选择中的应用：

假设你正在研究某发展中国家市场，消费者在购买智能手机时，主要在三个品牌（品牌 A：国际高端品牌；品牌 B：本土中端品牌；品牌 C：中国高性价比品牌）之间进行选择。

①请简述如何运用多项 logistic 回归来分析影响消费者品牌选择的因素（例如，收入水平、品牌认知、产品功能偏好、原产国形象等）。

②在这个多项 logistic 回归模型中，如何设定因变量的编码？如何解释自变量的回归系数？

③该模型的结果对于这三个品牌在该市场制定竞争策略有何启示？

参考文献

[1] 刘志强. 让更多中国企业迈向世界一流 [EB/OL]. (2022-03-23) [2025-08-24]. https://article.xuexi.cn/articles/index.html? art_id=8202732765035430448&item_id=8202732765035430448&study_style_id=feeds_default&t=1648010830503&showmenu=false&ref_read_id=cd96b6f5-6b33-46ed-8020-b693cb046335_1656034733948&pid=&ptype=-1&source=share&share_to=copylink.

[2] 杨立新. 习近平进博会用典传递中国强音 [EB/OL]. (2021-11-07) [2025-08-24]. https://article.xuexi.cn/articles/index.html? art_id=7085714895927791551&item_id=7085714895927791551&study_style_id=feeds_default&t=1636261184333&showmenu=false&ref_read_id=12accb3b-8b04-4f8c-90ce-f3d40449add9_1656035458410&pid=&ptype=-1&source=share&share_to=copylink.

[3] 王淑娟. 中国国际商会与中国国际公共关系协会签署战略合作协议 [EB/OL]. (2021-05-12) [2025-08-24]. https://article.xuexi.cn/articles/index.html? art_id=7034319453607331977&item_id=7034319453607331977&study_style_id=feeds_opaque&t=1620799914703&showmenu=false&ref_read_id=f72cd698-700a-4b2d-9b34-f42d4cc3be33_1656294352024&pid=&ptype=-1&source=share&share_to=copylink).

[4] 李红. 增强国有企业国际市场竞争力 [EB/OL]. (2020-05-18) [2025-08-24]. https://article.xuexi.cn/articles/index.html? art_id=6391988239268432853&item_id=6391988239268432853&study_style_id=feeds_default&t=1604290656283&showmenu=false&ref_read_id=8108b94b-83f4-419f-8f6d-8feac1946d90_1656298357519&pid=&ptype=-1&source=share&share_to=copylink.

[5] 张雯. 中华人民共和国工业和信息化部：中小企业综合实力、核心竞争力和履行社会责任能力不断增强 [EB/OL]. (2022-06-14) [2025-08-27]. https://article.xuexi.cn/articles/index.html? art_id = 4808258223088645058&item_id = 4808258223088645058&study_style_id = feeds_default&t = 1655184236693&showmenu = false&ref_read_id = 28edd639-8d08-4844-8cf4-89268feb29ba_1656308184184&pid = &ptype = -1&source = share&share_to = copylink.

[6] 任亮. 从三个维度做好调查研究工作 [EB/OL]. (2022-06-14) [2025-08-27]. https://article.xuexi.cn/articles/index.html? art_id = 7598922965003829II&item_id = 7598922965003829II&study_style_id = feeds_default&t = 1655262888307&showmenu = false&ref_read_id = 09843029-19be-44ef-a717-b10b0a376631_1656308737740&pid = &ptype = -1&source = share&share_to = copylink.

[7] 吴德群，刘洪伟. 自主研发瞄准国际细分市场 深圳家用电器出口火热 [EB/OL]. (2022-01-06) [2025-08-27]. https://article.xuexi.cn/articles/index.html? art_id = 277089607509184463&item_id = 277089607509184463&reedit_timestamp = 1641453614000&study_style_id = feeds_opaque&t = 1641539527299&showmenu = false&ref_read_id = 71af134c-15e3-4b98-b356-22d698af4118_1656310040300&pid = &ptype = -1&source = share&share_to = copylink.

[8] 当代中国与世界研究院.《中国企业形象全球调查报告 2021》 [EB/OL]. (2021-12-07) [2025-08-27]. https://article.xuexi.cn/articles/index.html? art_id = 8584897523880312322&item_id = 8584897523880312322&study_style_id = feeds_default&t = 1639042611633&showmenu = false&ref_read_id = a6640ef3-976f-407c-b2ac-ea9996eba633_1656311605010&pid = &ptype = -1&source = share&share_to = copylink.

[9] 余建斌. 让企业创新"底子"厚"底气"足 [EB/OL]. (2022-03-23) [2025-08-27]. https://article.xuexi.cn/articles/index.html? art_id = 14089989468947081571&item_id = 14089989468947081571&study_style_id = feeds_default&t = 1648006240818&showmenu = false&ref_read_id = 2c613f3c-77a9-46f8-baff-dddf6d38019c_1656312873626&pid = &ptype = -1&source = share&share_to = copylink.

[10] 任彦，李晓宏，刘玲玲，等. 品质国货走出去，引领新时尚 [EB/OL]. (2021-03-30) [2025-08-29]. https://article.xuexi.cn/articles/index.html? art_id = 13681202689331307209&item_id = 13681202689331307209&study_style_id = feeds_default&t = 1617096909067&showmenu = false&ref_read_id = 7e5a3cbe-e2dc-4d2c-bef5-

ef4e1caaaf5b_1656310439034&pid=&ptype=-1&source=share&share_to=copylink.

[11] 蒋正翔，张胜，王斯敏，等. 企业走出去：推动建设，更联通民心 [EB/OL]. (2019-05-13) [2025-08-26]. https://article.xuexi.cn/articles/index.html? art_id=14876205673068937449&study_style_id=feeds_default&t=15577 17039468&showmenu=false&ref_read_id=1bb78a20-b357-40c0-b6f6-6ab9d48fa13d_1656462204779&pid=&ptype=-1&source=share&share_to=copylink.

[12] JESSICA SEMEGA, MELISSA KOLLAR, EMILY A. SHRIDER, et al. Income and Poverty in the United States: 2019 [EB/OL] (2025-04-26) [2025-08-26]. https://www.census.gov/library/publications/2020/demo/p60-270.html.